《溪发说税》系列丛书之七

溪发说税 非税收入篇

林溪发 编著

中国税务出版社

图书在版编目（CIP）数据

溪发说税之非税收入篇 / 林溪发编著. -- 北京：中国税务出版社，2022.8
ISBN 978-7-5678-1261-1

Ⅰ. ①溪… Ⅱ. ①林… Ⅲ. ①非税收入—财政管理—中国—学习参考资料 Ⅳ. ① F812.43

中国版本图书馆 CIP 数据核字（2022）第 133085 号

版权所有·侵权必究

书　　名：	溪发说税之非税收入篇
作　　者：	林溪发　编著
责任编辑：	范竹青
责任校对：	姚浩晴
技术设计：	刘冬珂
出版发行：	中国税务出版社

北京市丰台区广安路 9 号国投财富广场 1 号楼 11 层
邮政编码：100055
网址：https://www.taxation.cn
投稿：https://www.taxation.cn/qt/zztg
发行中心电话：（010）83362083/85/86
传真：（010）83362047/48/49

经　　销：	各地新华书店
印　　刷：	北京天宇星印刷厂
规　　格：	787 毫米 ×1092 毫米　1/16
印　　张：	20
字　　数：	296000 字
版　　次：	2022 年 8 月第 1 版　2022 年 8 月第 1 次印刷
书　　号：	ISBN 978-7-5678-1261-1
定　　价：	56.00 元

如有印装错误　本社负责调换

非税收入，指除税收以外，由各级国家机关、事业单位、代行政府职能的社会团体及其他组织依法利用国家权力、政府信誉、国有资源(资产)所有者权益等取得的各项收入。

2021年5月21日，财政部、自然资源部、国家税务总局、中国人民银行发布《关于将国有土地使用权出让收入、矿产资源专项收入、海域使用金、无居民海岛使用金四项政府非税收入划转税务部门征收有关问题的通知》（财综〔2021〕19号），将原由自然资源部门负责征收的国有土地使用权出让收入、矿产资源专项收入、海域使用金、无居民海岛使用金四项政府非税收入，全部划转给税务部门负责征收。由税务机关负责征收的非税收入再次扩围，对缴纳义务人合规缴费也提出了更高的要求。

为便于广大缴纳义务人及财税实务工作者系统掌握常见的由税务机关负责征收的非税收入的业务知识，正确适用相关政策，降低缴费风险，我整理撰写了《溪发说税之非税收入篇》，作为《溪发说税》系列丛书的第七本。

本书分为十九章，共精选了缴纳义务人及财税实务工作者在适用非税收入政策时遇到的174个问题，1个问题为1集，通过【提问】【林老师解答】【政策依据】【划重点 消痛点】【知识链接】等栏目，以情景问答、案例分析和政策解读的形式，分类阐述非税收入的政策规定、实务操作及优惠政策等。

教育费附加、地方教育附加属于非税收入，但在《溪发说税之财产行为税篇》已作为附录呈现，因此本书就不再赘述；农网还贷资金、三峡电站水资源费、国家留成油收入、石油特别收益金等非税收入，由于征收范围窄等原因，本书也未对其进行解析。

工会经费虽不属于非税收入，但作为税务机关负责征收的规费，缴费人必须缴纳，因此统一放在本书中进行讲解。

书中每集案例均附有二维码，读者可以通过微信扫描二维码，进入中国税务出版社知识服务平台观看相应的短视频，让相关财税知识内容更易于理解和掌握。

"君子曰：学不可以已。"《荀子·劝学》中的这句话，强调了学习是不可以停止的，财税工作者更应时刻关注新政策，持续学习新知识，愿本书的出版能及时帮助广大缴纳义务人及财税实务工作者学习并掌握非税收入业务知识，正确履行缴纳义务，充分享受优惠政策。

林溪发

2022年8月

目 录

第一章 国有土地使用权出让收入 1

第一节 国有土地使用权出让收入的征收范围和征收标准 1

第1集 企业竞得国有建设用地使用权，其缴纳的竞买保证金
可以抵作土地价款吗？ 1

第2集 企业竞得国有建设用地使用权依法缴纳的相关税费，
需要计入国有土地使用权出让收入吗？ 4

第3集 企业处置划拨国有土地使用权补缴的土地价款，
属于国有土地使用权出让收入吗？ 5

第4集 企业改变出让国有土地使用权的土地用途
补缴的土地价款，属于国有土地使用权出让收入吗？ 7

第5集 企业改变出让国有土地使用权的容积率
补缴的土地价款，属于国有土地使用权出让收入吗？ 8

第二节 国有土地使用权出让收入的征收管理 10

第6集 企业改变出让国有土地使用权的容积率补缴的土地价款，
应向哪个部门申报缴纳？ 10

第7集　国有土地使用权人不按土地出让合同的约定及时足额
　　　　缴纳国有土地使用权出让金，需要支付违约金吗？…… 11

第二章　土地闲置费 ………………………………………… 13

第8集　企业非农业建设占用耕地一年以上未动工建设，
　　　　需要缴纳土地闲置费吗？ ………………………… 13
第9集　房地产开发企业超过土地出让合同约定的
　　　　动工开发日期满一年未动工开发，
　　　　需要缴纳土地闲置费吗？ ………………………… 14
第10集　土地闲置费应向哪个部门申报缴纳？ …………… 16
第11集　房地产开发企业逾期开发缴纳的土地闲置费，
　　　　可以在计算土地增值税时扣除吗？ ……………… 17
第12集　社区托育服务机构超过土地出让合同约定的
　　　　动工开发日期满1年未动工开发，
　　　　可以免征土地闲置费吗？ ………………………… 18

第三章　矿产资源专项收入 ………………………………… 21

第一节　矿产资源补偿费 ………………………………… 21

第13集　采矿权人销售其自行加工的矿产品，
　　　　需要缴纳矿产资源补偿费吗？ …………………… 21
第14集　采矿权人销售其自行加工的矿产品，
　　　　其应缴纳的矿产资源补偿费应如何计算确定？ … 22
第15集　采矿权人销售其自行加工的国家没有规定价格的
　　　　矿产品，在计算缴纳矿产资源补偿费时，
　　　　其销售收入应如何计算确定？ …………………… 26
第16集　采矿权人向境外销售矿产品，在计算缴纳矿产资源
　　　　补偿费时，其销售收入应如何计算确定？ ……… 27

第17集　采矿权人从废石（矸石）中回收矿产品，
　　　　可以免缴矿产资源补偿费吗？ ················· 28
第18集　采矿权人从尾矿中回收矿产品，可以减缴
　　　　矿产资源补偿费吗？ ························· 30

第二节　矿业权出让收益 ································· 32

第19集　以挂牌方式出让采矿权，应如何计算确定
　　　　矿业权出让收益？ ··························· 32
第20集　以出让金额形式征收的采矿权出让收益高于规定额度，
　　　　采矿权人可以分期缴纳采矿权出让收益吗？ ····· 34
第21集　以招标方式出让采矿权，应如何计算确定
　　　　矿业权出让收益？ ··························· 36
第22集　以协议方式出让采矿权，应如何计算确定
　　　　矿业权出让收益？ ··························· 38
第23集　矿业权出让收益应向哪个部门申报缴纳？ ········· 39
第24集　采矿权人未按规定及时缴纳矿业权出让收益，
　　　　需要支付滞纳金吗？ ························· 41
第25集　非营利性矿山企业缴纳矿业权出让收益确有困难，
　　　　可以在一定期限内缓缴应缴的矿业权出让收益吗？ ····· 42

第三节　矿业权占用费 ··································· 44

第26集　探矿权人取得矿产资源探矿权，
　　　　需要缴纳矿业权占用费吗？ ··················· 44
第27集　采矿权人取得矿产资源采矿权，
　　　　需要缴纳矿业权占用费吗？ ··················· 45
第28集　矿业权占用费应向哪个部门申报缴纳？ ··········· 46
第29集　采矿权人未按规定及时缴纳矿业权占用费，
　　　　需要支付滞纳金吗？ ························· 47
第30集　大中型矿山企业为寻找接替资源申请的勘查，
　　　　可以申请减免矿业权占用费吗？ ··············· 49

第31集　采矿权人运用新技术、新方法对矿产资源
　　　　进行提高综合利用水平的开发，可以申请减免
　　　　矿业权占用费吗？ ································· 50

第四章　海域使用金 ································· 52

第一节　海域使用金的征收范围和征收标准 ··············· 52

第32集　企业竞得海域使用权，其海域使用金
　　　　征收金额应如何确定？ ························· 52
第33集　企业竞得海域使用权，应向哪个部门
　　　　缴纳海域使用金？ ····························· 54
第34集　企业建设填海造地用海，需要缴纳海域使用金吗？······ 55
第35集　企业建设填海造地用海，其应缴纳的海域
　　　　使用金应如何计算确定？ ······················· 62

第二节　海域使用金的征收管理 ························· 66

第36集　企业建设填海造地用海，应向哪个部门
　　　　申报缴纳海域使用金？ ························· 66
第37集　用海项目应缴海域使用金金额低于1亿元，
　　　　需要一次性缴纳吗？ ··························· 67
第38集　海域使用权人未按规定及时足额缴纳海域使用金，
　　　　需要支付滞纳金吗？ ··························· 69
第39集　盐田用海可以按照使用年限逐年计征
　　　　海域使用金吗？ ······························· 70
第40集　经营性临时用海，如何计征海域使用金？ ··········· 72

第三节　海域使用金的优惠政策 ························· 74

第41集　城市道路用海，可以免缴海域使用金吗？ ··········· 74
第42集　非专用的锚地用海，可以申请减免海域使用金吗？ ····· 76

第五章　无居民海岛使用金 ... 78

第一节　无居民海岛使用金的征收范围和征收标准 ... 78

第43集　企业竞得无居民海岛使用权，其应缴纳的无居民海岛使用金应如何确定？ ... 78

第44集　企业竞得无居民海岛使用权依法缴纳的其他相关税费，需要计入无居民海岛使用金吗？ ... 80

第二节　无居民海岛使用金的征收管理 ... 81

第45集　企业竞得无居民海岛使用权，应向哪个部门申报缴纳无居民海岛使用金？ ... 81

第46集　无居民海岛使用者未按规定及时足额缴纳无居民海岛使用金，需要支付滞纳金吗？ ... 82

第47集　无居民海岛使用权出让最低价应如何计算确定？ ... 83

第48集　无居民海岛使用者应缴纳的无居民海岛使用金额度超过1亿元，可以申请分次缴纳吗？ ... 93

第三节　无居民海岛使用金的优惠政策 ... 95

第49集　非经营性码头建设用岛，可以申请免缴无居民海岛使用金吗？ ... 95

第六章　防空地下室易地建设费 ... 97

第一节　防空地下室易地建设费的征收范围和征收管理 ... 97

第50集　易地建设防空地下室的申请获得批准后，需要缴纳防空地下室易地建设费吗？ ... 97

第51集　防空地下室易地建设费应向哪个部门申报缴纳？ ... 99

第二节　防空地下室易地建设费的优惠政策 ………………………… 101

第52集　新建幼儿园项目，可以减半收取防空地下室
易地建设费吗? ……………………………………………… 101

第53集　开发建设不增加面积的危房翻新改造商品住宅项目，
可以免收防空地下室易地建设费吗? …………………… 102

第54集　因遭受火灾造成损坏后按原面积修复的民用建筑，
可以免收防空地下室易地建设费吗? …………………… 103

第55集　廉租住房和经济适用住房建设，可以免收防空地下室
易地建设费吗? ……………………………………………… 104

第56集　中学校舍安全工程建设，可以免收防空地下室
易地建设费吗? ……………………………………………… 105

第57集　非营利性医疗机构建设，可以免征防空地下室
易地建设费吗? ……………………………………………… 106

第58集　易地扶贫搬迁项目建设，可以免征防空地下室
易地建设费吗? ……………………………………………… 108

第59集　在商品房开发项目中配套建设易地扶贫搬迁安置住房，
可以按比例免征防空地下室易地建设费吗? …………… 109

第60集　用于提供社区养老服务的建设项目，可以免征
防空地下室易地建设费吗? ……………………………… 110

第七章　排污权使用费 ………………………………………………… 112

第一节　排污权使用费的征收范围和征收标准 …………………… 112

第61集　以定额出让方式取得排污权，其排污权使用费
应如何计算缴纳? ………………………………………… 112

第62集　缴纳排污权使用费金额较大、一次性缴纳确有困难的
排污单位，可以在排污权有效期内分次缴纳
排污权使用费吗? ………………………………………… 115

第63集　新建项目排污权应通过何种方式取得？ …………… 116

第64集　扩建项目新增排污权应通过何种方式取得？ ………… 117

第65集　通过市场公开出让方式购买政府出让的排污权，
需要一次性缴清款项或者按照排污权交易合同的
约定缴款吗？ …………………………………………… 118

第66集　排污单位延续排污权，需要继续缴纳排污权
使用费吗？ ……………………………………………… 119

第67集　排污单位转让其无偿取得的排污权，需要补缴
转让排污权的使用费吗？ ……………………………… 120

第二节　排污权使用费的征收管理 ……………………………… 122

第68集　排污权使用费应向哪个部门申报缴纳？ ……………… 122

第八章　城镇垃圾处理费 ……………………………………… 124

第69集　餐饮企业产生城市生活垃圾，需要缴纳城镇
垃圾处理费吗？ ………………………………………… 124

第70集　城镇垃圾处理费应向哪个部门申报缴纳？ …………… 125

第九章　水土保持补偿费 ………………………………………… 127

第一节　水土保持补偿费的缴费主体和征收范围 ……………… 127

第71集　企业在山区取土、采石，损坏水土保持设施、
地貌植被，需要缴纳水土保持补偿费吗？ …………… 127

第72集　企业在山区烧制砖、瓦，损坏水土保持设施、
地貌植被，需要缴纳水土保持补偿费吗？ …………… 128

第73集　企业在丘陵区排放废弃土、石，损坏水土保持设施、
地貌植被，需要缴纳水土保持补偿费吗？ …………… 129

第二节　水土保持补偿费的征收标准和计费方法 ……… 131

第74集　企业开办一般性生产建设项目，应如何计算
　　　　缴纳水土保持补偿费？……………………………… 131

第75集　水利水电工程建设项目的水库淹没区，需要缴纳
　　　　水土保持补偿费吗？…………………………………… 132

第76集　企业在山区开采矿产资源，建设期间应如何计算
　　　　缴纳水土保持补偿费？………………………………… 133

第77集　企业在山区采石，应如何计算缴纳
　　　　水土保持补偿费？……………………………………… 134

第78集　企业排放废弃土、石，应如何计算缴纳
　　　　水土保持补偿费？……………………………………… 135

第三节　水土保持补偿费的征收管理 …………………………… 138

第79集　水土保持补偿费按次缴纳，其申报缴纳时间
　　　　应如何确定？…………………………………………… 138

第80集　水土保持补偿费按期缴纳，其申报缴纳时间
　　　　应如何确定？…………………………………………… 140

第四节　水土保持补偿费的优惠政策 …………………………… 141

第81集　在山区建设小学校区，可以免征
　　　　水土保持补偿费吗？…………………………………… 141

第82集　农民依法利用农村集体土地新建自用住房，
　　　　可以免征水土保持补偿费吗？………………………… 142

第83集　按照相关规划开展农村集中供水工程建设，
　　　　可以免征水土保持补偿费吗？………………………… 143

第84集　建设市政生态环境保护基础设施项目，
　　　　可以免征水土保持补偿费吗？………………………… 144

第十章　废弃电器电子产品处理基金 …… 146

第一节　废弃电器电子产品处理基金的征收范围和计费方法 …… 146

第85集　电视机生产企业销售其生产的自主品牌背投电视机，需要缴纳废弃电器电子产品处理基金吗？…… 146

第86集　电视机生产企业销售其生产的背投电视机，应如何计算缴纳废弃电器电子产品处理基金？…… 150

第87集　受托加工生产冷藏冷冻箱，需要缴纳废弃电器电子产品处理基金吗？…… 152

第88集　受托加工生产冷藏冷冻箱，应如何计算缴纳废弃电器电子产品处理基金？…… 154

第89集　洗衣机生产企业将其生产的波轮式洗衣机用于赞助，需要缴纳废弃电器电子产品处理基金吗？…… 156

第90集　自营进口独立窗式空气调节器，需要缴纳废弃电器电子产品处理基金吗？…… 158

第91集　自营进口独立窗式空气调节器，应如何计算缴纳废弃电器电子产品处理基金？…… 161

第二节　废弃电器电子产品处理基金的征收管理 …… 162

第92集　计算机生产企业销售其生产的平板电脑，应向哪个部门申报缴纳废弃电器电子产品处理基金？…… 162

第93集　计算机生产企业销售其生产的平板电脑，其废弃电器电子产品处理基金的缴纳义务发生时间应如何确定？…… 164

第94集　已实际缴纳的废弃电器电子产品处理基金，可以在企业所得税税前扣除吗？…… 166

第95集　自营进口专用于车载导航仪的液晶监视器，
　　　　应向哪个部门申报缴纳废弃电器电子产品
　　　　处理基金？ ··· 167

第96集　自营进口专用于车载导航仪的液晶监视器，
　　　　应于何时申报缴纳废弃电器电子产品处理基金？ ········· 169

第三节　废弃电器电子产品处理基金的优惠政策 ················ 170

第97集　电冰箱生产企业进口半导体制冷式家用型冷藏箱
　　　　已缴纳废弃电器电子产品处理基金，国内销售环节
　　　　可以免征废弃电器电子产品处理基金吗？ ····················· 170

第98集　进境旅客所携带行李物品，需要缴纳废弃电器
　　　　电子产品处理基金吗？ ·· 172

第99集　企业以进境修理方式进口电器电子产品，
　　　　在申报进境时需要缴纳废弃电器电子产品
　　　　处理基金吗？ ··· 173

第100集　企业受托进料加工复出口电器电子产品，可以免征
　　　　 废弃电器电子产品处理基金吗？ ······································ 174

第101集　进入海关特殊监管区域的电器电子产品，
　　　　 需要缴纳废弃电器电子产品处理基金吗？ ····················· 176

第102集　使用环保材料生产的电器电子产品，可以减征
　　　　 废弃电器电子产品处理基金吗？ ······································ 178

第103集　吸油烟机生产企业生产用于出口的欧式塔型
　　　　 吸排油烟机，可以免征废弃电器电子产品
　　　　 处理基金吗？ ··· 179

第104集　电器电子产品生产企业购进已缴纳废弃电器电子
　　　　 产品处理基金的电器电子产品，可以从应征基金
　　　　 产品销售数量中扣除吗？ ·· 181

第105集　已缴纳基金的电器电子产品发生销货退回，
　　　　 可以在当期申报中扣除吗？ ··· 183

第十一章　可再生能源发展基金 …… 193

第一节　可再生能源发展基金的征收范围和计费方法 …… 193

第106集　食品生产企业生产经营用电,需要缴纳
可再生能源电价附加吗? …… 193

第107集　食品生产企业生产经营用电,应如何缴纳
可再生能源电价附加? …… 195

第108集　食品生产企业生产经营用电,应如何计算
需缴纳的可再生能源电价附加? …… 196

第109集　企业自备电厂自发自用电量,需要缴纳
可再生能源电价附加吗? …… 197

第110集　企业自备电厂自发自用电量,应如何缴纳
可再生能源电价附加? …… 199

第二节　可再生能源发展基金的征收管理 …… 201

第111集　可再生能源电价附加应向哪个部门申报缴纳? …… 201

第三节　可再生能源发展基金的优惠政策 …… 203

第112集　分布式光伏发电自发自用电量,可以免收
可再生能源电价附加吗? …… 203

第十二章　国家重大水利工程建设基金 …… 205

第113集　省级电网企业在向电力用户收取电费时,
需要一并代征国家重大水利工程建设基金吗? …… 205

第114集　国家重大水利工程建设基金应如何计算代征额? …… 207

第115集　国家重大水利工程建设基金应向哪个部门
申报缴纳? …… 209

第116集　分布式光伏发电自发自用电量，可以免收
　　　　国家重大水利工程建设基金吗？ ················ 212

第十三章　水利建设基金 ·· 213

第117集　企业销售货物取得收入并已申报缴纳增值税，
　　　　需要缴纳水利建设基金吗？ ···················· 213
第118集　水利建设基金应向哪个部门申报缴纳？ ········· 214
第119集　月销售额不超过10万元，可以免征
　　　　水利建设基金吗？ ································ 215

第十四章　水库移民扶持基金 ······································ 217

第一节　大中型水库移民后期扶持基金 ···················· 217

第120集　省级电网企业在向电力用户收取电费时，
　　　　需要一并代征大中型水库移民后期扶持基金吗？ ······ 217
第121集　大中型水库移民后期扶持基金应向哪个部门
　　　　申报缴纳？ ··· 218
第122集　分布式光伏发电自发自用电量，可以免收
　　　　大中型水库移民后期扶持基金吗？ ············ 220

第二节　跨省际大中型水库库区基金 ························ 221

第123集　具有独立法人资格的跨省际大中型水库发电企业，
　　　　属于跨省际大中型水库库区基金缴费主体吗？ ······ 221
第124集　跨省际大中型水库库区基金的计征依据
　　　　应如何确定？ ······································ 223
第125集　跨省际大中型水库库区基金的征收标准
　　　　应如何确定？ ······································ 224
第126集　跨省际大中型水库库区基金应向哪个部门
　　　　申报缴纳？ ··· 227

第三节　地方水库移民扶持基金 …… 229

第127集　装机容量33万千瓦的水电站取得发电收入，需要缴纳地方水库移民扶持基金吗？ …… 229

第128集　省级大中型水库库区基金的计征依据应如何确定？ …… 231

第129集　地方水库移民扶持基金应向哪个部门申报缴纳？ …… 232

第130集　抽水蓄能电站需要缴纳地方水库移民扶持基金吗？ …… 234

第十五章　残疾人就业保障金 …… 235

第一节　残疾人就业保障金的缴费主体和征收范围 …… 235

第131集　用人单位安排残疾人就业达不到规定比例，需要缴纳残疾人就业保障金吗？ …… 235

第132集　用人单位跨地区招用残疾人，可以计入所安排的残疾人职工人数之内吗？ …… 238

第133集　劳务派遣用工，其实际安排残疾人就业人数和在职职工人数应如何计算确定？ …… 239

第二节　残疾人就业保障金的征收标准和计费方法 …… 241

第134集　残疾人就业保障金征收标准应如何确定？ …… 241

第135集　用人单位需缴纳的残疾人就业保障金应如何计算？ …… 243

第三节　残疾人就业保障金的优惠政策 …… 245

第136集　用人单位安排残疾人就业比例达到1%（含）以上但未达到规定比例，可以按规定应缴费额的50%缴纳残疾人就业保障金吗？ …… 245

第137集　在职职工人数在30人（含）以下的企业，可以免征
　　　　　残疾人就业保障金吗？ ················· 247

第十六章　文化事业建设费 ················· 249

第一节　文化事业建设费的缴费主体和征收范围 ······· 249

第138集　广告公司提供广告服务，需要缴纳
　　　　　文化事业建设费？ ················· 249
第139集　酒吧提供娱乐服务，需要缴纳文化事业建设费吗？ ···· 251
第140集　境外广告公司在境内提供广告服务，
　　　　　其文化事业建设费的扣缴义务人应如何确定？ ····· 253

第二节　文化事业建设费的征收标准和计费方法 ······· 254

第141集　广告公司取得广告服务收入，应如何计算缴纳
　　　　　文化事业建设费？ ················· 254
第142集　歌厅取得娱乐服务收入，应如何计算缴纳
　　　　　文化事业建设费？ ················· 256
第143集　扣缴义务人应扣缴的文化事业建设费
　　　　　应如何计算确定？ ················· 257

第三节　文化事业建设费的征收管理 ············ 259

第144集　文化事业建设费的缴纳义务发生时间
　　　　　应如何确定？ ··················· 259
第145集　文化事业建设费的缴纳地点应如何确定？ ······· 260
第146集　文化事业建设费的扣缴义务发生时间
　　　　　应如何确定？ ··················· 261
第147集　文化事业建设费的扣缴地点应如何确定？ ······· 262
第148集　文化事业建设费的缴纳期限应如何确定？ ······· 263

第四节　文化事业建设费的优惠政策 ………… 265

第149集　未达到增值税起征点的缴纳义务人，
　　　　 可以免征文化事业建设费吗？ ………… 265

第150集　广告公司2021年12月取得的广告收入，
　　　　 可以免征文化事业建设费吗？ ………… 266

第十七章　油价调控风险准备金 ………… 267

第一节　油价调控风险准备金的征收范围和计费方法 ………… 267

第151集　成品油生产企业销售汽油标准品，需要缴纳
　　　　 油价调控风险准备金吗？ ………… 267

第152集　成品油生产企业销售汽油标准品，应如何计算
　　　　 缴纳油价调控风险准备金？ ………… 268

第153集　成品油生产企业销售柴油非标准品，应如何计算
　　　　 缴纳油价调控风险准备金？ ………… 270

第154集　成品油生产企业直接生产销售柴油，在计算缴纳
　　　　 油价调控风险准备金时，其销售数量
　　　　 应如何计算确定？ ………… 272

第155集　成品油生产企业进口柴油，在计算缴纳油价调控
　　　　 风险准备金时，其销售数量应如何计算确定？ ……… 273

第156集　成品油生产企业委托加工汽油，在计算缴纳
　　　　 油价调控风险准备金时，其销售数量
　　　　 应如何计算确定？ ………… 274

第157集　成品油生产企业直接用于一般贸易出口的汽油，
　　　　 需要缴纳油价调控风险准备金吗？ ………… 275

第二节　油价调控风险准备金的征收管理 ························ 277

第158集　油价调控风险准备金应向哪个部门申报缴纳？ ········· 277

第159集　油价调控风险准备金的缴纳地点应如何确定？ ········· 279

第十八章　免税商品特许经营费 ································ 280

第一节　免税商品特许经营费的缴费主体和计费方法 ············ 280

第160集　经营免税商品的企业取得免税商品销售收入，
需要缴纳免税商品特许经营费吗？ ················ 280

第161集　经营免税商品的企业取得免税商品销售收入，
应如何计算缴纳免税商品特许经营费？ ············ 282

第162集　免税企业经营国产品享受出口退税政策，
需要缴纳免税商品特许经营费吗？ ················ 283

第163集　经营免税商品的企业取得完税国产品销售收入，
需要缴纳免税商品特许经营费吗？ ················ 284

第164集　海南离岛旅客免税购物商店取得免税商品销售收入，
需要缴纳免税商品特许经营费吗？ ················ 285

第165集　海南离岛旅客免税购物商店取得免税商品销售收入，
应如何计算缴纳免税商品特许经营费？ ············ 286

第二节　免税商品特许经营费的征收管理 ······················ 288

第166集　海南离岛旅客免税购物商店销售免税商品取得收入，
应于何时申报缴纳免税商品特许经营费？ ·········· 288

第167集　免税商品特许经营费应向哪个部门申报缴纳？ ········· 289

第168集　经营免税商品的企业取得免税商品销售收入，
其免税商品特许经营费的缴纳地点应如何确定？ ····· 290

第十九章　工会经费 … 292

第一节　工会经费的征收范围和计费方法 … 292

第169集　已建立工会组织的企业需要缴纳工会经费吗？ … 292

第170集　企业获得上级工会的批准筹建工会，
需要向上级工会拨缴建会筹备金吗？ … 293

第171集　企业获得上级工会的批准成立工会，
需要向上级工会拨缴建会筹备金吗？ … 294

第172集　拨交工会经费的"全部职工工资总额"，
包含各种津贴、补贴和奖金吗？ … 295

第二节　工会经费的税前扣除 … 297

第173集　《工会经费收入专用收据》可以作为企业所得税
税前扣除凭证吗？ … 297

第174集　工会经费代收凭据可以作为企业所得税
税前扣除凭证吗？ … 298

第一章　国有土地使用权出让收入

第一节　国有土地使用权出让收入的征收范围和征收标准

第 1 集

企业竞得国有建设用地使用权，其缴纳的竞买保证金可以抵作土地价款吗？

扫码看视频

甲市自然资源和规划局于2022年8月公开挂牌出让一幅地块的国有建设用地使用权，土地用途为住宅、商业。

A公司向甲市自然资源和规划局缴纳竞买保证金2亿元，参加该幅地块"招拍挂"竞价。

A公司最终以20亿元竞得该幅地块的国有建设用地使用权，当月签订了国有建设用地使用权出让合同。

提问：林老师，A公司缴纳的竞买保证金2亿元，在土地出让合同生效后可以抵作土地价款吗？

林老师解答

可以。

政策依据

国务院办公厅关于规范国有土地使用权出让收支管理的通知

2006年12月17日　国办发〔2006〕100号

一、明确国有土地使用权出让收入范围，加强国有土地使用权出让收入征收管理

……按照土地出让合同规定依法向受让人收取的……保证金……，在土地出让合同生效后可以抵作土地价款。

财政部　国土资源部　中国人民银行关于印发《国有土地使用权出让收支管理办法》的通知

2006年12月31日　财综〔2006〕68号

附件1：

国有土地使用权出让收支管理办法

第二条　……

按照规定依法向国有土地使用权受让人收取的……保证金……，在国有土地使用权出让合同（以下简称土地出让合同）生效后可以抵作土地价款。……

第三十八条　本办法自2007年1月1日起实施，……

划重点　消痛点

根据《国有土地使用权出让收支管理办法》第二条第三款规定，除本案例中向国有土地使用权受让人收取的竞买保证金在土地出让合同生效后可以抵作土地价款外，按照规定依法向国有土地使用权受让人收取的定金和预付款，在合同生效后也可以抵作土地价款。

第一章　国有土地使用权出让收入

> 知识链接

1. 什么是国有土地？

根据《中华人民共和国城镇国有土地使用权出让和转让暂行条例》第二条第二款的规定，城镇国有土地是指市、县城、建制镇、工矿区范围内属于全民所有的土地。

2. 什么是国有土地使用权？

国有土地使用权是指国有土地的使用人依法利用土地并取得收益的权利。

根据《中华人民共和国土地管理法》第十条的规定，国有土地和农民集体所有的土地，可以依法确定给单位或者个人使用。

根据《中华人民共和国城镇国有土地使用权出让和转让暂行条例》第三条的规定，中华人民共和国境内外的公司、企业、其他组织和个人，除法律另有规定者外，均可依照本条例的规定取得土地使用权，进行土地开发、利用、经营。

3. 什么是国有土地使用权出让？

根据《中华人民共和国城市房地产管理法》第八条的规定，土地使用权出让，是指国家将国有土地使用权在一定年限内出让给土地使用者，由土地使用者向国家支付土地使用权出让金的行为。

根据《中华人民共和国城镇国有土地使用权出让和转让暂行条例》第八条的规定，土地使用权出让是指国家以土地所有者的身份将土地使用权在一定年限内让与土地使用者，并由土地使用者向国家支付土地使用权出让金的行为。

第 2 集
企业竞得国有建设用地使用权依法缴纳的相关税费，需要计入国有土地使用权出让收入吗？

扫码看视频

承第 1 集案例。

提问：林老师，A 公司竞得国有建设用地使用权依法缴纳的契税等相关税费，需要计入国有土地使用权出让收入吗？

林老师解答

不需要。

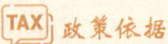 政策依据

财政部　国土资源部　中国人民银行
关于印发《国有土地使用权出让收支管理办法》的通知

2006 年 12 月 31 日　财综〔2006〕68 号

附件 1：

国有土地使用权出让收支管理办法

第二条　本办法所称国有土地使用权出让收入（以下简称土地出让收入）是指政府以出让等方式配置国有土地使用权取得的全部土地价款。具体包括：以招标、拍卖、挂牌和协议方式出让国有土地使用权所取得的总成交价款（不含代收代缴的税费）……

第一章 国有土地使用权出让收入

划重点 消痛点

本案例中，假定 A 公司是一家房地产开发企业，则根据《国家税务总局关于土地增值税清算有关问题的通知》（国税函〔2010〕220 号）第五条的规定，该公司为取得土地使用权所支付的契税，可以计入"取得土地使用权所支付的金额"在计算土地增值税时扣除。

第 3 集
企业处置划拨国有土地使用权补缴的土地价款，属于国有土地使用权出让收入吗？

扫码看视频

B 公司是一家工业企业，2002 年 12 月以划拨方式取得一幅地块的国有土地使用权。

2022 年 8 月，B 公司处置上述以划拨方式取得的国有土地使用权，补缴土地价款 2000 万元。

提问：林老师，B 公司处置划拨国有土地使用权补缴的该项土地价款，属于国有土地使用权出让收入吗？

林老师解答

B 公司补缴的该项土地价款，属于国有土地使用权出让收入。

> **📋 政策依据**
>
> **国务院办公厅关于规范国有土地使用权**
> **出让收支管理的通知**
>
> 2006年12月17日　国办发〔2006〕100号
>
> 一、明确国有土地使用权出让收入范围,加强国有土地使用权出让收入征收管理
>
> ……土地价款的具体范围包括:……变现处置抵押划拨国有土地使用权应当补缴的土地价款;……
>
> **财政部　国土资源部　中国人民银行**
> **关于印发《国有土地使用权出让收支管理办法》的通知**
>
> 2006年12月31日　财综〔2006〕68号
>
> 附件1:
>
> **国有土地使用权出让收支管理办法**
>
> 第二条　本办法所称国有土地使用权出让收入(以下简称土地出让收入)是指政府以出让等方式配置国有土地使用权取得的全部土地价款。具体包括:……处置抵押划拨国有土地使用权应当补缴的土地价款;……

划重点　消痛点

根据国办发〔2006〕100号文件第一条的规定,转让划拨国有土地使用权或依法利用原划拨土地进行经营性建设应当补缴的土地价款,也属于国有土地使用权出让收入。

第一章　国有土地使用权出让收入

第4集
企业改变出让国有土地使用权的土地用途补缴的土地价款，属于国有土地使用权出让收入吗？

扫码看视频

C公司是一家房地产开发企业，2022年5月以出让方式取得一幅地块的国有土地使用权。

2022年8月，C公司在该幅地块上开发乙房产项目，因改变该幅地块的土地用途，补缴土地价款2亿元。

提问：林老师，C公司因改变出让国有土地使用权的土地用途而补缴的该项土地价款，属于国有土地使用权出让收入吗？

林老师解答

C公司补缴的该项土地价款，属于国有土地使用权出让收入。

政策依据

国务院办公厅关于规范国有土地使用权
出让收支管理的通知

2006年12月17日　国办发〔2006〕100号

一、明确国有土地使用权出让收入范围，加强国有土地使用权出让收入征收管理

……土地价款的具体范围包括：……改变出让国有土地使用权的土地用途……等土地使用条件应当补缴的土地价款；……

财政部 国土资源部 中国人民银行
关于印发《国有土地使用权出让收支管理办法》的通知

2006年12月31日 财综〔2006〕68号

附件1：

国有土地使用权出让收支管理办法

第二条 本办法所称国有土地使用权出让收入（以下简称土地出让收入）是指政府以出让等方式配置国有土地使用权取得的全部土地价款。具体包括：……改变出让国有土地使用权土地用途……等土地使用条件应当补缴的土地价款；……

划重点 消痛点

根据国办发〔2006〕100号文件第一条的规定，转让房改房、经济适用住房按照规定应当补缴的土地价款，也属于国有土地使用权出让收入。

第5集
企业改变出让国有土地使用权的容积率补缴的土地价款，属于国有土地使用权出让收入吗？

扫码看视频

D公司是一家房地产开发企业，2022年5月以出让方式取得一幅地块的国有土地使用权。

2022年8月，D公司在该幅地块上开发丙房产项目，因改变该幅地块的容积率，补缴土地价款5000万元。

提问：林老师，D公司因改变出让国有土地使用权的容积率而补缴的该项土地价款，属于国有土地使用权出让收入吗？

第一章 国有土地使用权出让收入

林老师解答

D公司补缴的该项土地价款，属于国有土地使用权出让收入。

TAX 政策依据

国务院办公厅关于规范国有土地使用权
出让收支管理的通知

2006年12月17日　国办发〔2006〕100号

一、明确国有土地使用权出让收入范围，加强国有土地使用权出让收入征收管理

……土地价款的具体范围包括：……改变出让国有土地使用权的……容积率等土地使用条件应当补缴的土地价款；……

财政部　国土资源部　中国人民银行
关于印发《国有土地使用权出让收支管理办法》的通知

2006年12月31日　财综〔2006〕68号

附件1：

国有土地使用权出让收支管理办法

第二条　本办法所称国有土地使用权出让收入（以下简称土地出让收入）是指政府以出让等方式配置国有土地使用权取得的全部土地价款。具体包括：……改变出让国有土地使用权……容积率等土地使用条件应当补缴的土地价款；……

第二节　国有土地使用权出让收入的征收管理

扫码看视频

第 6 集

企业改变出让国有土地使用权的容积率补缴的土地价款，应向哪个部门申报缴纳？

承第 5 集案例。

提问：林老师，D 公司因改变出让国有土地使用权的容积率而补缴的该项土地价款，应向哪个部门申报缴纳？

林老师解答

D 公司补缴的该项土地价款，应向其主管税务机关申报缴纳。

TAX 政策依据

财政部　自然资源部　税务总局　人民银行
关于将国有土地使用权出让收入、矿产资源专项收入、
海域使用金、无居民海岛使用金四项政府非税收入
划转税务部门征收有关问题的通知

2021 年 5 月 21 日　财综〔2021〕19 号

一、将由自然资源部门负责征收的国有土地使用权出让收入……四项政府非税收入（以下简称四项政府非税收入），全部划转给税务部门负责征收。……

第一章 国有土地使用权出让收入

二、先试点后推开。自 2021 年 7 月 1 日起，选择在河北、内蒙古、上海、浙江、安徽、青岛、云南省（自治区、直辖市、计划单列市）以省（区、市）为单位开展征管职责划转试点，探索完善征缴流程、职责分工等，为全面推开划转工作积累经验。暂未开展征管划转试点地区要积极做好四项政府非税收入征收划转准备工作，自 2022 年 1 月 1 日起全面实施征管划转工作。

第 7 集 国有土地使用权人不按土地出让合同的约定及时足额缴纳国有土地使用权出让金，需要支付违约金吗？

扫码看视频

E 公司是一家工业企业，其于 2022 年 5 月以出让方式取得一幅地块的国有土地使用权，当月签订了国有土地使用权出让合同。

E 公司因资金周转出现问题，未能按照上述土地出让合同的约定及时足额缴纳国有土地使用权出让金。

提问：林老师，E 公司未按合同的约定及时足额缴纳国有土地使用权出让金，需要支付违约金吗？

林老师解答

需要。

> **政策依据**
>
> **国务院办公厅关于规范国有土地使用权**
> **出让收支管理的通知**
>
> 2006年12月17日　国办发〔2006〕100号
>
> 七、强化土地出让收支监督管理，防止国有土地资产收益流失……
>
> 土地出让合同、征地协议等应约定对土地使用者不按时足额缴纳土地出让收入的，按日加收违约金额1‰的违约金。……
>
> **财政部　国土资源部　中国人民银行**
> **关于印发《国有土地使用权出让收支管理办法》的通知**
>
> 2006年12月31日　财综〔2006〕68号
>
> 附件1：
>
> **国有土地使用权出让收支管理办法**
>
> 第三十四条　对国有土地使用权人不按土地出让合同、划拨用地批准文件等规定及时足额缴纳土地出让收入的，应当按日加收违约金额1‰的违约金。……

划重点　消痛点

本案例中，假定出让合同约定，E公司应于2022年5月31日前一次性付清土地出让金1亿元，但E公司逾期20天支付土地出让金1亿元，则E公司应支付的违约金计算如下：

应支付的违约金 = 10000 × 1‰ × 20 = 200（万元）

第二章 土地闲置费

第8集 企业非农业建设占用耕地一年以上未动工建设，需要缴纳土地闲置费吗？

扫码看视频

F公司是一家工业企业，因建设厂房的需要其于2021年7月，经批准占用耕地，该耕地是用于种植农作物的土地。

F公司为农用地转用审批文件中标明的建设用地人，相关合同约定动工建设日期为2021年7月。

因资金周转出现困难，截至2022年8月F公司尚未开始在该耕地上动工建设厂房。

提问：林老师，F公司占用该耕地1年以上未动工建设，需要缴纳土地闲置费吗？

林老师解答

需要。

 政策依据

中华人民共和国土地管理法

2019年8月26日 中华人民共和国主席令第三十二号修正

第三十八条 ……已经办理审批手续的非农业建设占用耕地，……一年以上未动工建设的，应当按照省、自治区、直辖市的规定缴纳闲置费；……

划重点 消痛点

本案例中，假定 F 公司连续 2 年未使用该耕地，则根据《中华人民共和国土地管理法》第三十八条的规定，经原批准机关批准，该耕地将由县级以上人民政府无偿收回；若该耕地原为农民集体所有，将交还原农村集体经济组织恢复耕种。

扫码看视频

第 9 集
房地产开发企业超过土地出让合同约定的动工开发日期满一年未动工开发，需要缴纳土地闲置费吗？

G 公司是一家房地产开发企业，该公司为进行房地产开发，于 2021 年 4 月以出让方式取得一幅地块的国有土地使用权，并于当月签订了国有土地使用权出让合同。该出让合同约定，土地使用权出让金为 2 亿元，动工开发日期为 2021 年 7 月。

因资金周转出现困难，截至 2022 年 8 月 G 公司尚未开始在该幅地块上动工开发房地产。

提问：林老师，G 公司超过土地出让合同约定的动工开发日期满 1 年未动工开发，需要缴纳土地闲置费吗？

林老师解答

需要。

第二章 土地闲置费

> **政策依据**
>
> **中华人民共和国土地管理法**
>
> 2019年8月26日 中华人民共和国主席令第三十二号修正
>
> 第三十八条 ……
>
> 在城市规划区范围内,以出让方式取得土地使用权进行房地产开发的闲置土地,依照《中华人民共和国城市房地产管理法》的有关规定办理。
>
> **中华人民共和国城市房地产管理法**
>
> 2019年8月26日 中华人民共和国主席令第三十二号修正
>
> 第二十六条 以出让方式取得土地使用权进行房地产开发的,必须按照土地使用权出让合同约定的土地用途、动工开发期限开发土地。超过出让合同约定的动工开发日期满一年未动工开发的,可以征收相当于土地使用权出让金百分之二十以下的土地闲置费;……

划重点 消痛点

本案例中,假定G公司因不可抗力造成动工开发迟延,则根据《中华人民共和国城市房地产管理法》第二十六条的规定,G公司可以不用缴纳土地闲置费。

知识链接

什么是闲置土地？

根据《闲置土地处置办法》（国土资源部令第53号修订）第二条的规定，闲置土地，是指国有建设用地使用权人超过国有建设用地使用权有偿使用合同或者划拨决定书约定、规定的动工开发日期满1年未动工开发的国有建设用地。已动工开发但开发建设用地面积占应动工开发建设用地总面积不足1/3或者已投资额占总投资额不足25%，中止开发建设满1年的国有建设用地，也可以认定为闲置土地。

第10集

土地闲置费应向哪个部门申报缴纳？

承第9集案例。

提问：林老师，G公司超过土地出让合同约定的动工开发日期满1年未动工开发，应向哪个部门申报缴纳土地闲置费？

林老师解答

G公司应向其主管税务机关申报缴纳土地闲置费。

第二章 土地闲置费

> **TAX 政策依据**
>
> **财政部关于土地闲置费、城镇垃圾处理费划转税务部门征收的通知**
>
> 2021年3月26日 财税〔2021〕8号
>
> 一、自2021年7月1日起,将自然资源部门负责征收的土地闲置费……划转至税务部门征收。……
>
> **国家税务总局 财政部 自然资源部 住房和城乡建设部 中国人民银行 关于土地闲置费、城镇垃圾处理费划转有关征管事项的公告**
>
> 2021年5月12日 国家税务总局 财政部 自然资源部 住房和城乡建设部 中国人民银行公告2021年第12号
>
> 一、土地闲置费由自然资源部门向缴纳义务人(土地使用权人)出具《征缴土地闲置费决定书》等文书,并向税务部门推送《征缴土地闲置费决定书》等费源信息。缴纳义务人依据《征缴土地闲置费决定书》向税务部门申报缴纳,税务部门开具缴费凭证。……
>
> 本公告自2021年7月1日起施行。

第11集 房地产开发企业逾期开发缴纳的土地闲置费,可以在计算土地增值税时扣除吗?

承第9集案例。

提问:林老师,G公司逾期开发缴纳的土地闲置费,可以在计算土地增值税时扣除吗?

扫码看视频

林老师解答

不可以。

政策依据

国家税务总局关于土地增值税清算有关问题的通知

2010年5月19日　国税函〔2010〕220号

四、房地产开发企业逾期开发缴纳的土地闲置费的扣除问题

房地产开发企业逾期开发缴纳的土地闲置费不得扣除。

第 12 集

社区托育服务机构超过土地出让合同约定的动工开发日期满1年未动工开发，可以免征土地闲置费吗？

H公司是一家社区托育服务机构，在社区依托固定场所设施，采取全日托、半日托、计时托、临时托等方式，为社区居民提供托育服务。

H公司为进行社区托育服务大楼工程建设，于2021年4月以出让方式取得一幅地块的国有土地使用权，并于当月签订了国有土地使用权出让合同。该出让合同约定，动工开发日期为2021年7月。

该托育服务大楼计划用于为3周岁（含）以下婴幼儿提供照料、看护、膳食、保育等服务。

因资金周转出现困难，截至2022年8月H公司尚未在该幅地块上动工建设托育服务大楼。

提问：林老师，H公司超过土地出让合同约定的动工开发日期满1年未动工开发，可以免征土地闲置费吗？

林老师解答

可以。

政策依据

财政部　税务总局　发展改革委
民政部　商务部　卫生健康委
关于养老、托育、家政等社区家庭服务业
税费优惠政策的公告

2019年6月28日　财政部公告2019年第76号

一、为社区提供养老、托育、家政等服务的机构，按照以下规定享受税费优惠政策：

……

（四）用于提供社区养老、托育、家政服务的房产、土地，免征……土地闲置费；……

……

三、本公告所称社区是指聚居在一定地域范围内的人们所组成的社会生活共同体，包括城市社区和农村社区。

……

为社区提供托育服务的机构，是指在社区依托固定场所设施，采取全日托、半日托、计时托、临时托等方式，为社区居民提供托育服务的企业、事业单位和社会组织。社区托育服务是指为3周岁（含）以下婴幼儿提供的照料、看护、膳食、保育等服务。

……

六、本公告自2019年6月1日起执行至2025年12月31日。

> **划重点 消痛点**

根据财政部公告2019年第76号第一条第（四）项的规定，本案例中，H公司用于提供社区托育服务的土地，除可以享受免征土地闲置费的优惠政策外，还可以享受免征不动产登记费、耕地开垦费、土地复垦费的优惠政策。

第三章 矿产资源专项收入

第一节 矿产资源补偿费

第 13 集

采矿权人销售其自行加工的矿产品，需要缴纳矿产资源补偿费吗？

扫码看视频

A公司拥有甲县的一座钨矿山的采矿权，主要从事钨矿开采、加工业务。

2022年8月，A公司在我国境内按照国家规定价格销售其自行加工的一批钨矿产品，取得销售收入300万元。该钨矿产品系钨矿经过开采或者采选后，脱离自然赋存状态的产品。

A公司开采该批钨矿产品的开采回采率系数为1.2。

提问：林老师，A公司销售其自行加工的该批钨矿产品，需要缴纳矿产资源补偿费吗？

林老师解答

需要。

TAX 政策依据

矿产资源补偿费征收管理规定

1997年7月3日 中华人民共和国国务院令第222号修订

第二条 在中华人民共和国领域和其他管辖海域开采矿产资源，应当依照本规定缴纳矿产资源补偿费;法律、行政法规另有规定的,从其规定。

......

第三条 ......本规定所称矿产品,是指矿产资源经过开采或者采选后,脱离自然赋存状态的产品。

第四条 矿产资源补偿费由采矿权人缴纳。......

划重点 消痛点

根据《矿产资源补偿费征收管理规定》第四条的规定,矿产资源补偿费以矿产品销售时使用的货币结算;采矿权人对矿产品自行加工的,以其销售最终产品时使用的货币结算。

第 14 集

采矿权人销售其自行加工的矿产品,其应缴纳的矿产资源补偿费应如何计算确定?

承第13集案例。

提问:林老师,A公司销售其自行加工的该批钨矿产品,其应缴纳的矿产资源补偿费应如何计算确定?

林老师解答

A公司应缴纳的矿产资源补偿费计算如下:

征收矿产资源补偿费金额
=矿产品销售收入 × 补偿费费率 × 开采回采率系数

$= 300 \times 2\% \times 1.2$

$= 7.2$（万元）

政策依据

矿产资源补偿费征收管理规定

1997年7月3日　中华人民共和国国务院令第222号修订

第三条　矿产资源补偿费按照矿产品销售收入的一定比例计征。企业缴纳的矿产资源补偿费列入管理费用。

采矿权人对矿产品自行加工的，按照国家规定价格计算销售收入；……

……

第五条　矿产资源补偿费按照下列方式计算：

征收矿产资源补偿费金额＝矿产品销售收入 × 补偿费费率 × 开采回采率系数

……

第六条　矿产资源补偿费依照本规定附录所规定的费率征收。

附录：

矿产资源补偿费费率表

矿　种	费率（%）
……	……
铁、锰、钨、钒、钛	2
……	……

知识链接

1. 开采回采率系数应如何计算？

根据《矿产资源补偿费征收管理规定》第五条的规定，开采回采率系数计算公式为：

开采回采率系数 = 核定开采回采率 ÷ 实际开采回采率

核定开采回采率，以按照国家有关规定经批准的矿山设计为准；按照国家有关规定，只要求有开采方案，不要求有矿山设计的矿山企业，其开采回采率由县级以上地方人民政府负责地质矿产管理工作的部门会同同级有关部门核定。

2. 矿产资源补偿费征收费率应如何确定？

根据《矿产资源补偿费征收管理规定》第六条的规定，矿产资源补偿费依照表3-1所规定的费率征收。

表3-1　　　　　　　　矿产资源补偿费费率

矿　种	费率（%）
石油	1
天然气	1
煤炭、煤成气	1
铀、钍	3
石煤、油砂	1
天然沥青	2
地热	3

续表

矿 种	费率（%）
油页岩	2
铁、锰、铬、钒、钛	2
铜、铅、锌、铝土矿、镍、钴、钨、锡、铋、钼、汞、锑、镁	2
金、银、铂、钯、钌、锇、铱、铑	4
铌、钽、铍、锂、锆、锶、铷、铯	3
镧、铈、镨、钕、钐、铕、钇、钆、铽、镝、钬、铒、铥、镱、镥	3
离子型稀土	4
钪、锗、镓、铟、铊、铪、铼、镉、硒、碲	3
宝石、玉石、宝石级金刚石	4
石墨、磷、自然硫、硫铁矿、钾盐、硼、水晶（压电水晶、熔炼水晶、光学水晶、工艺水晶）、刚玉、蓝晶石、硅线石、红柱石、硅灰石、钠硝石、滑石、石棉、蓝石棉、云母、长石、石榴子石、叶蜡石、透辉石、透闪石、蛭石、沸石、明矾石、芒硝（含钙芒硝）	2
金刚石、石膏、硬石膏、重晶石、毒重石、天然碱、方解石、冰洲石、菱镁矿、萤石（普通萤石、光学萤石）、黄玉、电气石、玛瑙、颜料矿物（赭石、颜料黄土）、石灰岩（电石用灰岩、制碱用灰岩、化肥用灰岩、熔剂用灰岩、玻璃用灰岩、水泥用灰岩、建筑石料用灰岩、制灰用灰岩、饰面用灰岩）、泥灰岩、白垩、含钾岩石、白云岩（冶金用白云岩、化肥用白云岩、玻璃用白云岩、建筑用白云岩）、石英岩（冶金用石英岩、玻璃用石英岩、化肥用石英岩）、砂岩（冶金用砂岩、玻璃用砂岩、水泥配料用砂岩、砖瓦用砂岩、化肥用砂岩、铸型用砂岩、陶瓷用砂岩）、天然石英砂（玻璃用砂、铸型用砂、建筑用砂、水泥配料用砂、水泥标准砂、砖瓦用砂）、脉石英（冶金用脉石英、玻璃用脉石英）、粉石英、天然油石、含钾砂页岩、硅藻土、页岩（陶粒页岩、砖瓦用页岩、水泥配料用页岩）、高岭土、陶瓷土、耐火粘土、凹凸棒石粘土、海泡石粘土、伊利石粘土、累托石粘土、膨润土、铁矾土、其他粘土（铸型用粘土、砖瓦用粘土、陶粒用粘土、水泥配料用粘土、水泥配料用红土、水泥配料用黄土、水泥配料用泥岩、保温材料用粘土）、橄榄岩（化肥用橄榄岩、建筑用橄榄岩）、蛇纹岩（化肥用蛇纹岩、熔剂用蛇纹岩、饰面用蛇纹岩）、玄武岩（铸石用玄武岩、岩棉用玄武岩）、辉绿岩（水泥用辉绿岩、铸石用辉绿岩、饰面用辉绿岩、建筑用辉绿岩）、安山岩（饰面用安山岩、建筑用安山岩、水泥混合材用安山岩）、	2

续表

矿 种	费率（%）
闪长岩（水泥混合材用闪长玢岩、建筑用闪长岩）、花岗岩（建筑用花岗岩、饰面用花岗岩）、麦饭石、珍珠岩、黑曜岩、松脂岩、浮石、粗面岩（水泥用粗面岩、铸石用粗面岩）、霞石正长岩、凝灰岩（玻璃用凝灰岩、水泥用凝灰岩、建筑用凝灰岩）、火山灰、火山渣、大理岩（饰面用大理岩、建筑用大理岩、水泥用大理岩、玻璃用大理岩）、板岩（饰面用板岩、水泥配料用板岩）、片麻岩、角闪岩、泥炭、镁盐、碘、溴、砷	2
湖盐、岩盐、天然卤水	0.5
二氧化碳气、硫化氢气、氦气、氡气	3
矿泉水	4
地下水	费率及征收管理办法由国务院另行规定

第 15 集

采矿权人销售其自行加工的国家没有规定价格的矿产品，在计算缴纳矿产资源补偿费时，其销售收入应如何计算确定？

B 公司拥有乙县的一座钼矿山的采矿权，主要从事钼矿开采、加工业务。

2022 年 8 月，B 公司在我国境内销售其自行加工的一批钼矿产品，该钼矿产品国家没有规定价格。按照征收矿产资源补偿费时钼矿产品当地市场平均价格计算，该批钼矿产品的销售收入为 200 万元。

提问：林老师，B 公司销售其自行加工的该批钼矿产品，在计算缴纳矿产资源补偿费时，其销售收入应如何计算确定？

第三章 矿产资源专项收入

林老师解答

B 公司销售该批钼矿产品，其销售收入应按照征收矿产资源补偿费时钼矿产品当地市场平均价格计算，即销售收入为 200 万元。

政策依据

矿产资源补偿费征收管理规定

1997 年 7 月 3 日　中华人民共和国国务院令第 222 号修订

第三条　……采矿权人对矿产品自行加工的，……国家没有规定价格的，按照征收时矿产品的当地市场平均价格计算销售收入。……

第 16 集

采矿权人向境外销售矿产品，在计算缴纳矿产资源补偿费时，其销售收入应如何计算确定？

扫码看视频

　　C 公司拥有丙县的一座煤炭矿山的采矿权，主要从事煤炭开采、加工业务。

　　2022 年 8 月，C 公司向境外销售其自行加工的一批煤炭，按照国际市场销售价格计算，该批煤炭的销售收入为 590 万元。

　　提问：林老师，C 公司向境外销售其自行加工的该批煤炭，在计算缴纳矿产资源补偿费时，其销售收入应如何计算确定？

林老师解答

C 公司应按照国际市场销售价格计算销售收入，即销售收入为 590 万元。

政策依据

矿产资源补偿费征收管理规定

1997 年 7 月 3 日　中华人民共和国国务院令第 222 号修订

第三条　……采矿权人向境外销售矿产品的，按照国际市场销售价格计算销售收入。……

第 17 集

采矿权人从废石（矸石）中回收矿产品，可以免缴矿产资源补偿费吗？

D 公司拥有丁县的一座矿山的采矿权，主要从事采矿及加工业务。

2022 年 8 月，D 公司销售一批从废石（矸石）中回收的矿产品，取得销售收入 35 万元。

提问：林老师，D 公司销售从废石（矸石）中回收的矿产品，经省级人民政府地质矿产主管部门会同同级财政部门批准，可以免缴矿产资源补偿费吗？

第三章 矿产资源专项收入

林老师解答

可以。

TAX 政策依据

矿产资源补偿费征收管理规定

1997年7月3日 中华人民共和国国务院令第222号修订

第十二条 采矿权人有下列情形之一的,经省级人民政府地质矿产主管部门会同同级财政部门批准,可以免缴矿产资源补偿费:

(一)从废石(矸石)中回收矿产品的;

……

划重点 消痛点

根据《矿产资源补偿费征收管理规定》第十二条的规定,除本案例中的采矿权人从废石(矸石)中回收矿产品可以申请免缴矿产资源补偿费外,采矿权人有下列情形之一的,经省级人民政府地质矿产主管部门会同同级财政部门批准,也可以免缴矿产资源补偿费:

1. 按照国家有关规定经批准开采已关闭矿山的非保安残留矿体的;
2. 国务院地质矿产主管部门会同国务院财政部门认定免缴的其他情形。

第 18 集

采矿权人从尾矿中回收矿产品，可以减缴矿产资源补偿费吗？

E 公司拥有甲县的一座矿山的采矿权，主要从事采矿及加工业务。

2022 年 8 月，E 公司销售一批从尾矿中回收的矿产品，取得销售收入 40 万元。

提问：林老师，E 公司销售从尾矿中回收的矿产品，经省级人民政府地质矿产主管部门会同同级财政部门批准，可以减缴矿产资源补偿费吗？

林老师解答

可以。

TAX 政策依据

矿产资源补偿费征收管理规定

1997 年 7 月 3 日　中华人民共和国国务院令第 222 号修订

第十三条　采矿权人有下列情形之一的，经省级人民政府地质矿产主管部门会同同级财政部门批准，可以减缴矿产资源补偿费：

（一）从尾矿中回收矿产品的；

……

第三章 矿产资源专项收入

划重点 消痛点

根据《矿产资源补偿费征收管理规定》第十三条的规定,除本案例中的采矿权人从尾矿中回收的矿产品可以申请减缴矿产资源补偿费外,采矿权人有下列情形之一的,经省级人民政府地质矿产主管部门会同同级财政部门批准,也可以减缴矿产资源补偿费:

1. 开采未达到工业品位或者未计算储量的低品位矿产资源的;
2. 依法开采水体下、建筑物下、交通要道下的矿产资源的;
3. 由于执行国家定价而形成政策性亏损的;
4. 国务院地质矿产主管部门会同国务院财政部门认定减缴的其他情形。

第二节 矿业权出让收益

第 19 集

以挂牌方式出让采矿权，应如何计算确定矿业权出让收益？

2022年8月，乙县自然资源和规划局公开挂牌出让一座矿山的采矿权，F公司参加该座矿山的采矿权挂牌竞价，并以5000万元竞得该座矿山的采矿权，当月签订了采矿权出让合同，该合同约定F公司应以货币资金方式支付该项矿业权出让收益。

提问：林老师，F公司竞得该座矿山的采矿权，其应缴纳的矿业权出让收益应如何计算确定？

林老师解答

F公司应缴纳的矿业权出让收益为其报价金额5000万元。

政策依据

国务院关于印发矿产资源权益金制度改革方案的通知

2017年4月13日 国发〔2017〕29号

矿产资源权益金制度改革方案

二、主要措施

（一）……以……挂牌方式出让的，竞得人报价金额为矿业权出让收益；……

第三章 矿产资源专项收入

财政部　国土资源部
关于印发《矿业权出让收益征收管理暂行办法》的通知

2017年6月29日　财综〔2017〕35号

附件：

矿业权出让收益征收管理暂行办法

第三条　在中华人民共和国领域及管辖海域勘查、开采矿产资源的矿业权人，应依照本办法缴纳矿业权出让收益。

……

第七条　通过……挂牌等竞争方式出让矿业权的，矿业权出让收益按……挂牌的结果确定。

……

第二十九条　本办法自2017年7月1日起施行。

知识链接

1. 什么是矿业权出让收益？

根据《矿业权出让收益征收管理暂行办法》第二条的规定，矿业权出让收益是国家基于自然资源所有权，将探矿权、采矿权出让给探矿权人、采矿权人而依法收取的国有资源有偿使用收入。

2. 矿业权出让收益包括哪些？

根据《矿业权出让收益征收管理暂行办法》第二条的规定，矿业权出让收益包括探矿权出让收益和采矿权出让收益。

第20集 以出让金额形式征收的采矿权出让收益高于规定额度，采矿权人可以分期缴纳采矿权出让收益吗？

承第19集案例。

提问：林老师，乙县自然资源和规划局以出让金额形式征收的采矿权出让收益5000万元高于所在地省级财政部门、矿产资源主管部门制定的一次性缴纳标准，采矿权人F公司可以分期缴纳该项采矿权出让收益吗？

林老师解答

可以。

政策依据

国务院关于印发矿产资源权益金制度改革方案的通知

2017年4月13日 国发〔2017〕29号

矿产资源权益金制度改革方案

二、主要措施

（一）……矿业权出让收益在出让时一次性确定，以货币资金方式支付，可以分期缴纳。……

第三章 矿产资源专项收入

财政部 国土资源部
关于印发《矿业权出让收益征收管理暂行办法》的通知

2017年6月29日 财综〔2017〕35号

附件：

矿业权出让收益征收管理暂行办法

第十三条 以出让金额形式征收的矿业权出让收益，……高于规定额度的，可按以下原则分期缴纳：

……

2. 采矿权人在取得采矿许可证前，首次缴纳比例不得低于采矿权出让收益的20%；剩余部分在采矿权有效期内分年度缴纳。

一次性缴纳标准、首次缴纳比例和分期缴纳年限，由省级财政部门、矿产资源主管部门制定。

划重点 消痛点

本案例中，假定乙县自然资源和规划局以出让金额形式征收的采矿权出让收益5000万元低于所在地省级财政部门、矿产资源主管部门制定的一次性缴纳标准，则根据《矿业权出让收益征收管理暂行办法》第十三条的规定，乙县自然资源和规划局可一次性征收该项采矿权出让收益。

知识链接

以出让金额形式缴纳的探矿权出让收益高于规定额度，探矿权人应如何分期缴纳？

根据《矿业权出让收益征收管理暂行办法》第十三条的规定，自然资源主管部门以出让金额形式征收的探矿权出让收益高于所在地省级财政部门、矿产资源主管部门制定的一次性缴纳标准的，探矿权人可以按以下原则分期缴纳探矿权出让收益：

探矿权人在取得勘查许可证前，首次缴纳比例不得低于探矿权出让收益的20%；剩余部分在转为采矿权后，在采矿权有效期内按年度缴纳。

第21集 以招标方式出让采矿权，应如何计算确定矿业权出让收益？

2022年8月，丙县自然资源和规划局以招标方式出让一座矿山的采矿权，G公司参加该座矿山的采矿权招标活动。

丙县自然资源和规划局依据招标条件，综合择优确定竞得人为G公司，并于当月签订了该座矿山的采矿权出让合同。G公司的报价金额为6000万元。

提问：林老师，G公司竞得该座矿山的采矿权，其应缴纳的矿业权出让收益应如何计算确定？

第三章 矿产资源专项收入

林老师解答

G公司应缴纳的矿业权出让收益为其报价金额6000万元。

政策依据

国务院关于印发矿产资源权益金制度改革方案的通知

2017年4月13日　国发〔2017〕29号

矿产资源权益金制度改革方案

二、主要措施

（一）……以招标方式出让的，依据招标条件，综合择优确定竞得人，并将其报价金额确定为矿业权出让收益。……

财政部　国土资源部
关于印发《矿业权出让收益征收管理暂行办法》的通知

2017年6月29日　财综〔2017〕35号

附件：

矿业权出让收益征收管理暂行办法

第七条　通过招标……等竞争方式出让矿业权的，矿业权出让收益按招标……的结果确定。

划重点　消痛点

根据《矿业权出让收益征收管理暂行办法》第十一条的规定，竞争出让矿业权，以出让金额为标的的，矿业权出让收益底价不得低于矿业权市场基准价。以出让收益率为标的的，出让收益底价由矿业权出让收益基准率确定。

第22集

以协议方式出让采矿权，应如何计算确定矿业权出让收益？

2022年8月，丁县自然资源和规划局以协议方式向H公司出让一座矿山的采矿权，当月签订了该座矿山的采矿权出让合同。

该项采矿权的评估价值为2000万元，类似条件采矿权的市场基准价为2100万元。

提问： 林老师，H公司取得该座矿山的采矿权，其应缴纳的矿业权出让收益应如何计算确定？

林老师解答

H公司应缴纳的矿业权出让收益按照其取得的采矿权评估价值2000万元与类似条件采矿权的市场基准价2100万元就高确定，即为2100万元。

政策依据

国务院关于印发矿产资源权益金制度改革方案的通知

2017年4月13日 国发〔2017〕29号

矿产资源权益金制度改革方案

二、主要措施

（一）……以协议方式出让的，矿业权出让收益按照评估价值、类似条件的市场基准价就高确定。……

第三章 矿产资源专项收入

财政部　国土资源部
关于印发《矿业权出让收益征收管理暂行办法》的通知

2017年6月29日　财综〔2017〕35号

附件：

矿业权出让收益征收管理暂行办法

第八条　通过协议方式出让矿业权的，矿业权出让收益按照评估价值、市场基准价就高确定。

划重点　消痛点

本案例中，假定该项采矿权的评估价值为2150万元，类似条件采矿权的市场基准价为2100万元，则H公司应缴纳的矿业权出让收益按照该项采矿权的评估价值2150万元确定。

第23集

矿业权出让收益应向哪个部门申报缴纳？

承第22集案例。

提问： 林老师，H公司取得该座矿山的采矿权，应向哪个部门申报缴纳矿业权出让收益？

扫码看视频

> **林老师解答**

H公司应向税务部门申报缴纳矿业权出让收益。

> **TAX 政策依据**
>
> 财政部　自然资源部　税务总局　人民银行
> 关于将国有土地使用权出让收入、矿产资源专项收入、
> 海域使用金、无居民海岛使用金四项政府非税收入
> 划转税务部门征收有关问题的通知
>
> 2021年5月21日　财综〔2021〕19号
>
> 一、将由自然资源部门负责征收的……矿产资源专项收入……四项政府非税收入（以下简称四项政府非税收入），全部划转给税务部门负责征收。……

知识链接

1. 探矿权转为采矿权，矿业权人需要再缴纳采矿权出让收益吗？

根据《矿业权出让收益征收管理暂行办法》第十六条的规定，探矿权转为采矿权，矿业权人不再另行缴纳采矿权出让收益。

2. 探矿权未转为采矿权，矿业权人需要再缴纳剩余探矿权出让收益吗？

根据《矿业权出让收益征收管理暂行办法》第十六条的规定，探矿权未转为采矿权，矿业权人不再缴纳剩余探矿权出让收益。

第24集 采矿权人未按规定及时缴纳矿业权出让收益，需要支付滞纳金吗？

承第 22 集案例。

提问：林老师，H 公司因资金周转出现问题，未能按照规定及时缴纳矿业权出让收益，其需要支付滞纳金吗？

林老师解答

需要。

政策依据

财政部　国土资源部
关于印发《矿业权出让收益征收管理暂行办法》的通知

2017 年 6 月 29 日　财综〔2017〕35 号

附件：

矿业权出让收益征收管理暂行办法

第二十四条　矿业权人未按时足额缴纳矿业权出让收益的，县级以上矿产资源主管部门按照征收管理权限责令改正，从滞纳之日起每日加收千分之二的滞纳金，并将相关信息纳入企业诚信系统。……

知识链接

矿业权人未按时足额缴纳矿业权出让收益，对其加收的滞纳金可以超过欠缴金额本金吗？

根据《矿业权出让收益征收管理暂行办法》第二十四条的规定，矿业权人未按时足额缴纳矿业权出让收益，对其加收的滞纳金应当不超过欠缴金额本金。

第25集

非营利性矿山企业缴纳矿业权出让收益确有困难，可以在一定期限内缓缴应缴的矿业权出让收益吗？

I公司是一家国务院规定明确要求支持的承担特殊职能的非营利性矿山企业，其于2022年8月取得一项矿产资源探矿权，需要缴纳矿业权出让收益8000万元。

提问：林老师，I公司缴纳该项矿业权出让收益确有困难，经财政部、自然资源部批准，可以在一定期限内缓缴应缴的矿业权出让收益吗？

林老师解答

可以。

> **政策依据**
>
> **财政部　自然资源部**
> **关于进一步明确矿业权出让收益征收管理有关问题的通知**
> 2019年4月2日　财综〔2019〕11号
>
> 二、对于法律法规或国务院规定明确要求支持的承担特殊职能的非营利性矿山企业，缴纳矿业权出让收益确有困难的，经财政部、自然资源部批准，可在一定期限内缓缴应缴矿业权出让收益。

第三节 矿业权占用费

第 26 集

探矿权人取得矿产资源探矿权,需要缴纳矿业权占用费吗?

J公司于2022年1月取得一项矿产资源探矿权,该项探矿权区块面积为10平方公里,勘查许可证有效期限为2022年1月至2024年12月。

提问:林老师,J公司取得该项矿产资源探矿权,需要缴纳矿业权占用费吗?

林老师解答

需要。

政策依据

财政部 国土资源部
关于印发《探矿权采矿权使用费和价款管理办法》的通知
1999年6月7日 财综字〔1999〕74号

附件:

探矿权采矿权使用费和价款管理办法

第二条 在中华人民共和国领域及管辖海域勘查……矿产资源,均须按规定交纳探矿权采矿权使用费……

第三章　矿产资源专项收入

第三条　探矿权采矿权使用费包括

（一）探矿权使用费。国家将矿产资源探矿权出让给探矿权人，按规定向探矿权人收取的使用费。

......

第十五条　本办法自发布之日起实施。......

国务院关于印发矿产资源权益金制度改革方案的通知

2017年4月13日　国发〔2017〕29号

矿产资源权益金制度改革方案

二、主要措施

......

（二）在矿业权占有环节，将探矿权采矿权使用费整合为矿业权占用费。......

第27集

采矿权人取得矿产资源采矿权，需要缴纳矿业权占用费吗？

扫码看视频

K公司于2022年1月取得一项矿产资源采矿权，该项采矿权矿区范围面积为8平方公里，采矿许可证有效期限为2022年1月至2031年12月。

提问： 林老师，K公司取得该项矿产资源采矿权，需要缴纳矿业权占用费吗？

林老师解答

需要。

政策依据

财政部　国土资源部
关于印发《探矿权采矿权使用费和价款管理办法》的通知

1999年6月7日　财综字〔1999〕74号

附件：

探矿权采矿权使用费和价款管理办法

第二条　在中华人民共和国领域及管辖海域……开采矿产资源，均须按规定交纳探矿权采矿权使用费……

第三条　探矿权采矿权使用费包括

……

（二）采矿权使用费。国家将矿产资源采矿权出让给采矿权人，按规定向采矿权人收取的使用费。

第28集

矿业权占用费应向哪个部门申报缴纳？

承第27集案例。

提问：林老师，K公司取得该项矿产资源采矿权，应向哪个部门申报缴纳矿业权占用费？

第三章 矿产资源专项收入

林老师解答

K 公司应向税务部门申报缴纳矿业权占用费。

TAX 政策依据

财政部　自然资源部　税务总局　人民银行
关于将国有土地使用权出让收入、矿产资源专项收入、
海域使用金、无居民海岛使用金四项政府非税收入
划转税务部门征收有关问题的通知

2021 年 5 月 21 日　财综〔2021〕19 号

一、将由自然资源部门负责征收的……矿产资源专项收入……四项政府非税收入（以下简称四项政府非税收入），全部划转给税务部门负责征收。……

第 29 集

采矿权人未按规定及时缴纳矿业权占用费，需要支付滞纳金吗？

扫码看视频

　　L 公司于 2022 年 1 月取得一项矿产资源采矿权，其矿区范围面积为 10 平方千米。

　　L 公司因资金周转出现问题，未能按照规定及时缴纳矿业权占用费。

　　提问：林老师，L 公司未按照规定及时缴纳矿业权占用费，需要支付滞纳金吗？

> **林老师解答**

需要。

> **政策依据**

财政部 国土资源部
关于印发《探矿权采矿权使用费和价款管理办法》的通知

1999年6月7日 财综字〔1999〕74号

附件：

探矿权采矿权使用费和价款管理办法

第十二条 未按规定及时缴纳探矿权采矿权使用费和价款的，由探矿权采矿权登记管理机关责令其在30日内缴纳，并从滞纳之日起，每日加收2‰滞纳金；……

> **划重点 消痛点**

本案例中，假定L公司经采矿权登记管理机关责令限期缴纳，逾期仍不缴纳矿业权占用费，则根据《探矿权采矿权使用费和价款管理办法》第十二条的规定，采矿权登记管理机关将吊销L公司的采矿许可证。

第三章 矿产资源专项收入

第 30 集 大中型矿山企业为寻找接替资源申请的勘查，可以申请减免矿业权占用费吗？

M 公司是一家大型矿山企业，为寻找接替资源，该公司于 2022 年 8 月向主管部门申请勘查我国西部地区的一座矿山。

提问：林老师，M 公司为寻找接替资源申请的勘查，可以申请减免矿业权占用费吗？

林老师解答

可以。

政策依据

国土资源部　财政部
关于印发《探矿权采矿权使用费减免办法》的通知
2000 年 6 月 6 日　国土资发〔2000〕174 号

探矿权采矿权使用费减免办法

第三条　在我国西部地区、国务院确定的边远贫困地区和海域从事符合下列条件的矿产资源勘查开采活动，可以依照本规定申请探矿权、采矿权使用费的减免：

……

（二）大中型矿山企业为寻找接替资源申请的勘查、开发；

……

第四条　探矿权、采矿权使用费的减免按以下幅度审批。[①]

[①] 根据《国土资源部关于修改部分规范性文件的决定》（国土资发〔2010〕190 号），本办法中的"审批"改为"核准"。

（一）探矿权使用费：第一个勘查年度可以免缴，第二至第三个勘查年度可以减缴50%；第四至第七个勘查年度可以减缴25%。

……

第十条 本办法自发布之日起实施。

第31集
采矿权人运用新技术、新方法对矿产资源进行提高综合利用水平的开发，可以申请减免矿业权占用费吗？

N公司于2022年1月取得国务院确定的边远贫困地区的一项矿产资源采矿权，该项矿产资源品位低、选冶难。

为提高该项矿产资源的综合利用水平，N公司于2022年8月运用新技术、新方法对其进行开发。

提问：林老师，N公司运用新技术、新方法对该项矿产资源进行提高综合利用水平的开发，可以申请减免矿业权占用费吗？

林老师解答

可以。

TAX 政策依据

国土资源部 财政部
关于印发《探矿权采矿权使用费减免办法》的通知
2000年6月6日 国土资发〔2000〕174号

探矿权采矿权使用费减免办法

第三条 在我国西部地区、国务院确定的边远贫困地区和海域从事

第三章 矿产资源专项收入

> 符合下列条件的矿产资源勘查开采活动，可以依照本规定申请探矿权、采矿权使用费的减免：
>
> ……
>
> （三）运用新技术、新方法提高综合利用水平的（包括低品位、难选冶的矿产资源开发及老矿区尾矿利用）矿产资源开发；
>
> ……
>
> 第四条 探矿权、采矿权使用费的减免按以下幅度审批。[①]
>
> ……
>
> （二）采矿权使用费：矿山基建期和矿山投产第一年可以免缴，矿山投产第二至第三年可以减缴50%；第四至第七年可以减缴25%；矿山闭坑当年可以免缴。

划重点 消痛点

根据《探矿权采矿权使用费减免办法》第三条的规定，除第30集案例及本案例中例举的情形外，在我国西部地区、国务院确定的边远贫困地区和海域从事符合下列条件的矿产资源勘查开采活动，也可以依照本规定申请探矿权、采矿权使用费的减免：

1. 国家紧缺矿产资源的勘查、开发；
2. 国务院地质矿产主管部门和财政部门认定的其他情况。

[①] 根据《国土资源部关于修改部分规范性文件的决定》（国土资发〔2010〕190号），本办法中的"审批"改为"核准"。

第四章 海域使用金

第一节 海域使用金的征收范围和征收标准

第 32 集

企业竞得海域使用权,其海域使用金征收金额应如何确定?

扫码看视频

甲市自然资源和规划局于 2022 年 8 月公开挂牌出让一宗海域使用权,海域使用类型为围海式游乐场用海,用海方式为围海用海,出让年限为 25 年。

A 公司向甲市自然资源和规划局缴纳竞买保证金 200 万元,参加该宗海域使用权"招拍挂"竞价。

A 公司最终以 2000 万元竞得该宗海域使用权,当月签订了该宗海域使用权出让合同。

提问:林老师,A 公司竞得该宗海域使用权,其海域使用金征收金额应如何确定?

林老师解答

A 公司海域使用金征收金额按照其竞得该宗海域使用权的成交价款 2000 万元确定。

第四章 海域使用金

> **TAX 政策依据**
>
> **财政部 国家海洋局**
> **关于加强海域使用金征收管理的通知**
>
> 2007年1月24日 财综〔2007〕10号
>
> 三、依法推行海域使用权配置市场化
> ……
> 以招标、拍卖方式取得海域使用权的项目用海，海域使用金征收金额按照招标、拍卖的成交价款确定。……

划重点 消痛点

根据财综〔2007〕10号文件第三条的规定，为提高海域资源配置效率，除国家重点建设项目用海、国防建设项目用海、传统赶海区、海洋保护区、有争议的海域、涉及公共利益的海域以及法律法规规定的其他用海情形以外，各地在同一海域具有两个以上意向用海单位或个人的，应依法采取招标、拍卖方式出让海域使用权。

知识链接

1. 什么是海域？

根据《中华人民共和国海域使用管理法》第二条的规定，海域是指中华人民共和国内水、领海的水面、水体、海床和底土。

2. 如何取得海域使用权？

根据《中华人民共和国海域使用管理法》第十九条的规定，海域使用申请经依法批准后，国务院批准用海的，由国务院海洋行政主管部门登记造册，向海域使用申请人颁发海域使用权证书；地方人民政府批准用海的，由地方人民政府登记造册，向海域使用申请人颁发海域使用权证书。海域使用申请人自领取海域使用权证书之日起，取得海域使用权。

根据第二十条的规定，海域使用权除依照《中华人民共和国海域使用管理法》第十九条规定的方式取得外，也可以通过招标或者拍卖的方式取得。招标或者拍卖工作完成后，依法向中标人或者买受人颁发海域使用权证书。中标人或者买受人自领取海域使用权证书之日起，取得海域使用权。

第 33 集

企业竞得海域使用权，应向哪个部门缴纳海域使用金？

承第 32 集案例。

提问：林老师，A 公司竞得该宗海域使用权，应向哪个部门申报缴纳海域使用金剩余价款 1800 万元？

第四章 海域使用金

林老师解答

A公司应向税务部门申报缴纳海域使用金剩余价款1800万元。

政策依据

财政部 自然资源部 税务总局 人民银行关于将国有土地使用权出让收入、矿产资源专项收入、海域使用金、无居民海岛使用金四项政府非税收入划转税务部门征收有关问题的通知

2021年5月21日 财综〔2021〕19号

一、将由自然资源部门负责征收的……海域使用金……四项政府非税收入（以下简称四项政府非税收入），全部划转给税务部门负责征收。……

第34集

企业建设填海造地用海，需要缴纳海域使用金吗？

B公司是一家工业企业，其于2022年8月通过筑堤围割海域，填成建设用地用于工业基础设施，用海面积为20公顷，使用海域期限为2年，海域等别为四等。

提问：林老师，B公司建设填海造地用海，需要缴纳海域使用金吗？

林老师解答

需要。

TAX 政策依据

中华人民共和国海域使用管理法

2001年10月27日　中华人民共和国主席令第六十一号

第三十三条　国家实行海域有偿使用制度。

单位和个人使用海域，应当按照国务院的规定缴纳海域使用金。……

第五十四条　本法自2002年1月1日起施行。

财政部　国家海洋局
关于加强海域使用金征收管理的通知

2007年1月24日　财综〔2007〕10号

一、加强海域使用金征收管理

单位和个人使用海域，必须依法缴纳海域使用金。……

本通知自2007年3月1日起施行。……

财政部　国家海洋局
关于印发《调整海域、无居民海岛使用金征收标准》的通知

2018年3月13日　财综〔2018〕15号

根据中共中央、国务院关于生态文明体制改革总体方案和海域、无居民海岛有偿使用意见的要求，财政部、国家海洋局制定了《海域使用金征收标准》……（见附件，以下简称国家标准），……

一、自本通知施行之日起，征收海域使用金……统一按照国家标准

执行。

……

七、本通知自 2018 年 5 月 1 日起施行。……

附件1：

海域使用金征收标准

三、用海方式界定

根据海域使用特征及对海域自然属性的影响程度，用海方式界定如下：

用海方式界定

编码		用海方式名称	界定
1		填海造地用海	指筑堤围割海域填成土地，并形成有效岸线的用海
	11	建设填海造地用海	指通过筑堤围割海域，填成建设用地用于工业、交通运输、渔业基础设施、城镇建设等的用海。 工业、交通运输、渔业基础设施等填海是指主导用途用于工业、交通运输、渔业基础设施、旅游娱乐、海底工程、特殊用海等的填海造地用海；城镇建设填海是指除工业、交通运输、渔业基础设施等填海以外的其他填海造地用海。
	……	……	……

知识链接

1. 海域等别

根据财综〔2018〕15 号文件附件 1《海域使用金征收标准》第一条的规定，自 2018 年 5 月 1 日起，全国海域等别调整如下：

一等：

上海：宝山区　浦东新区

山东：青岛市（市南区　市北区）

福建：厦门市（思明区　湖里区）

广东：广州市（黄埔区　番禺区　南沙区　增城区）　深圳市（福田区　南山区　宝安区　龙岗区　盐田区）

二等：

上海：金山区　奉贤区

天津：滨海新区

辽宁：大连市（中山区　西岗区　沙河口区）

山东：青岛市（黄岛区　崂山区　李沧区　城阳区）

浙江：宁波市江北区　温州市龙湾区

福建：泉州市丰泽区　厦门市（海沧区　集美区）

广东：东莞市　汕头市（龙湖区　金平区　潮阳区）　中山市　珠海市（香洲区　斗门区　金湾区）

三等：

上海：崇明区

辽宁：大连市甘井子区　营口市鲅鱼圈区

河北：秦皇岛市（海港区　北戴河区）

山东：青岛市即墨区　胶州市　烟台市（芝罘区　福山区　莱山区）　龙口市　蓬莱市　威海市环翠区　荣成市　日照市（东港区　岚山区）

浙江：宁波市（北仑区　镇海区　鄞州区）　台州市（椒江区　路桥区）　舟山市定海区

福建：福州市马尾区　福清市　厦门市（同安区　翔安区）　泉州市（洛江区　泉港区）　石狮市　晋江市

广东：汕头市（濠江区　潮南区　澄海区）　江门市新会区　湛江市（赤坎区　霞山区　坡头区　麻章区）　茂名市电白区　惠州市惠阳区　惠东县

海南：海口市（秀英区　龙华区　美兰区）　三亚市（海棠区　吉阳区　天涯区　崖州区）

四等：

辽宁：大连市（旅顺口区　金州区）　瓦房店市　长海县　营口市

（西市区　老边区）　盖州市　葫芦岛市（连山区　龙港区）　绥中县　兴城市

河北：秦皇岛市山海关区

山东：烟台市牟平区　莱州市　招远市　海阳市　威海市文登区　乳山市

江苏：连云港市连云区

浙江：慈溪市　余姚市　乐清市　海盐县　平湖市　玉环市　温岭市　舟山市普陀区　嵊泗县

福建：福州市长乐区　惠安县　龙海市　南安市

广东：南澳县　台山市　恩平市　汕尾市城区　阳江市江城区

广西：北海市（海城区　银海区）

海南：儋州市

五等：

辽宁：大连市普兰店区　庄河市　东港市

河北：秦皇岛市抚宁区　唐山市（丰南区　曹妃甸区）　滦南县　乐亭县　黄骅市

山东：东营市（东营区　河口区）　长岛县　莱阳市　潍坊市寒亭区

江苏：南通市通州区　海安县　如东县　启东市　海门市　盐城市大丰区　东台市

浙江：宁波市奉化区　象山县　宁海县　温州市洞头区　瑞安市　岱山县　三门县　临海市

福建：连江县　罗源县　平潭县　莆田市（城厢区　涵江区　荔城区　秀屿区）　漳浦县

广东：遂溪县　徐闻县　廉江市　雷州市　吴川市　海丰县　陆丰市　阳东县　阳西县　饶平县　揭阳市榕城区　惠来县

广西：北海市铁山港区　防城港市（港口区　防城区）　钦州市钦南区

海南：琼海市　文昌市　万宁市　澄迈县　乐东县　陵水县

六等：

辽宁：锦州市太和区　凌海市　盘锦市大洼区　盘山县

河北：昌黎县　海兴县

山东：东营市垦利区　利津县　广饶县　寿光市　昌邑市　滨州市沾化区　无棣县

江苏：连云港市赣榆区　灌云县　灌南县　盐城市亭湖区　响水县　滨海县　射阳县

浙江：平阳县　苍南县

福建：仙游县　云霄县　诏安县　东山县　宁德市蕉城区　霞浦县　福安市　福鼎市

广西：合浦县　东兴市

海南：三沙市　东方市　临高县　昌江县

2. 用海方式界定

根据财综〔2018〕15号文件附件1《海域使用金征收标准》第三条的规定，自2018年5月1日起，用海方式界定如表4-1所示。

表4-1　　　　　　　　　　用海方式界定

编码		用海方式名称	界定
1		填海造地用海	指筑堤围割海域填成土地，并形成有效岸线的用海
	11	建设填海造地用海	指通过筑堤围割海域，填成建设用地用于工业、交通运输、渔业基础设施、城镇建设等的用海。工业、交通运输、渔业基础设施等填海是指主导用途用于工业、交通运输、渔业基础设施、旅游娱乐、海底工程、特殊用海等的填海造地用海；城镇建设填海是指除工业、交通运输、渔业基础设施等填海以外的其他填海造地用海
	12	农业填海造地用海	指通过筑堤围割海域，填成农用地用于农、林、牧业生产的用海

续表

编码		用海方式名称	界定
2		构筑物用海	指采用透水或非透水等方式构筑海上各类设施的用海
	21	非透水构筑物用海	指采用非透水方式构筑不形成有效岸线的码头、突堤、引堤、防波堤、路基、设施基座等构筑物的用海
	22	跨海桥梁、海底隧道用海	指占用海面空间或底土用于建设跨海桥梁、海底隧道、海底仓储等的用海
	23	透水构筑物用海	指采用透水方式构筑码头、平台、海面栈桥、高脚屋、塔架、潜堤、人工鱼礁等构筑物的用海
3		围海用海	指通过筑堤或其他手段，以完全或不完全闭合形式围割海域进行海洋开发活动的用海
	31	港池、蓄水用海	指通过修筑海堤或防浪设施圈围海域，用于港口作业、修造船、蓄水等的用海，含开敞式码头前沿的船舶靠泊和回旋水域
	32	盐田用海	指通过筑堤圈围海域用于盐业生产的用海
	33	围海养殖用海	指通过筑堤圈围海域用于养殖生产的用海
	34	围海式游乐场用海	指通过修筑海堤或防浪设施圈围海域，用于游艇、帆板、冲浪、潜水、水下观光、垂钓等水上娱乐活动的海域
	35	其他围海用海	指上述围海用海以外的围海用海
4		开放式用海	指不进行填海造地、围海或设置构筑物，直接利用海域进行开发活动的用海
	41	开放式养殖用海	指采用筏式、网箱、底播或以人工投苗、自然增殖海洋底栖生物等形式进行增养殖生产的用海
	42	浴场用海	指供游人游泳、嬉水，且无固定设施的用海
	43	开放式游乐场用海	指开展游艇、帆板、冲浪、潜水、水下观光、垂钓等娱乐活动，且无固定设施的用海
	44	专用航道、锚地用海	指供船舶航行、锚泊的用海
	45	其他开放式用海	指上述开放式用海以外的开放式用海

续表

编码		用海方式名称	界定
5		其他用海	指上述用海方式之外的用海
	51	人工岛式油气开采用海	指采用人工岛方式开采油气资源的用海
	52	平台式油气开采用海	指采用固定式平台、移动式平台、浮式储油装置及其他辅助设施开采油气资源的用海
	53	海底电缆管道用海	指铺设海底通信光（电）缆及电力电缆，输水、输气、输油及输送其他物质的管状输送设施的用海
	54	海砂等矿产开采用海	指开采海砂及其他固体矿产资源的用海
	55	取、排水口用海	指抽取或排放海水的用海
	56	污水达标排放用海	指受纳指定达标污水的用海
	57	温、冷排水用海	指受纳温、冷排水的用海
	58	倾倒用海	指向海上倾倒区倾倒废弃物或利用海床在水下堆放疏浚物等的用海
	59	种植用海	指种植芦苇、翅碱蓬、人工防护林、红树林等的用海

第 35 集

企业建设填海造地用海，其应缴纳的海域使用金应如何计算确定？

承第 34 集案例。

提问： 林老师，B 公司建设填海造地用海，既不属于离岸式填海，又未占用大陆自然岸线，其应缴纳的海域使用金应如何计算确定？

第四章 海域使用金

林老师解答

B 公司应缴纳的海域使用金计算如下：

应缴纳的海域使用金

= 20 × 140

= 2800（万元）

政策依据

财政部　国家海洋局

关于印发《调整海域、无居民海岛使用金征收标准》的通知

2018 年 3 月 13 日　财综〔2018〕15 号

附件 1：

海域使用金征收标准

二、海域使用金征收标准调整

根据国民经济增长、资源价格变化水平，并考虑海域开发利用的生态环境损害成本和社会承受能力，海域使用金征收标准调整如下：

海域使用金征收标准

单位：万元/公顷

用海方式		海域等别	一等	二等	三等	四等	五等	六等	征收方式
填海造地用海	建设填海造地用海	工业、交通运输、渔业基础设施等填海	……	……	……	140	……	……	……

备注：1.离大陆岸线最近距离 2 千米以上且最小水深大于 5 米（理论最低潮面）的离岸式填海，按照征收标准的 80% 征收；2.填海造地用海占用大陆自然岸线的，占用自然岸线的该宗填海按照征收标准的 120% 征收；……

知识链接

海域使用金征收标准

根据财综〔2018〕15号文件附件1《海域使用金征收标准》第二条的规定,自2018年5月1日起,海域使用金征收标准调整如表4-2所示。

表4-2　　　　　　　　　　海域使用金征收标准

单位:万元/公顷

用海方式		海域等别	一等	二等	三等	四等	五等	六等	征收方式
填海造地用海	建设填海造地用海	工业、交通运输、渔业基础设施等填海	300	250	190	140	100	60	一次性征收
		城镇建设填海	2700	2300	1900	1400	900	600	
	农业填海造地用海		130	110	90	75	60	45	
构筑物用海	非透水构筑物用海		250	200	150	100	75	50	按年度征收
	跨海桥梁、海底隧道用海		17.30						
	透水构筑物用海		4.63	3.93	3.23	2.53	1.84	1.16	
围海用海	港池、蓄水用海		1.17	0.93	0.69	0.46	0.32	0.23	
	盐田用海		0.32	0.26	0.20	0.15	0.11	0.08	
	围海养殖用海		由各省(自治区、直辖市)制定						
	围海式游乐场用海		4.76	3.89	3.24	2.67	2.24	1.93	
	其他围海用海		1.17	0.93	0.69	0.46	0.32	0.23	

第四章 海域使用金

续表

用海方式	海域等别	一等	二等	三等	四等	五等	六等	征收方式
开放式用海	开放式养殖用海	由各省（自治区、直辖市）制定						
	浴场用海	0.65	0.53	0.42	0.31	0.20	0.10	
	开放式游乐场用海	3.26	2.39	1.74	1.17	0.74	0.43	
	专用航道、锚地用海	0.30	0.23	0.17	0.13	0.09	0.05	
	其他开放式用海	0.30	0.23	0.17	0.13	0.09	0.05	
其他用海	人工岛式油气开采用海	13.00						按年度征收
	平台式油气开采用海	6.50						
	海底电缆管道用海	0.70						
	海砂等矿产开采用海	7.30						
	取、排水口用海	1.05						
	污水达标排放用海	1.40						
	温、冷排水用海	1.05						
	倾倒用海	1.40						
	种植用海	0.05						

备注：1.离大陆岸线最近距离2千米以上且最小水深大于5米（理论最低潮面）的离岸式填海，按照征收标准的80%征收；2.填海造地用海占用大陆自然岸线的，占用自然岸线的该宗填海按照征收标准的120%征收；3.建设人工鱼礁的透水构筑物用海，按照征收标准的80%征收；4.地方人民政府管辖海域以外的项目用海执行国家标准，海域等别按照毗邻最近行政区的等别确定。养殖用海标准按照毗邻最近行政区征收标准征收。

第二节 海域使用金的征收管理

第 36 集
企业建设填海造地用海，应向哪个部门申报缴纳海域使用金？

承第 34 集案例。

提问：林老师，B 公司建设填海造地用海，应向哪个部门申报缴纳海域使用金？

林老师解答

B 公司应向税务部门申报缴纳海域使用金。

政策依据

财政部　自然资源部　税务总局　人民银行
关于将国有土地使用权出让收入、矿产资源专项收入、
海域使用金、无居民海岛使用金四项政府非税收入
划转税务部门征收有关问题的通知
2021 年 5 月 21 日　财综〔2021〕19 号

一、将由自然资源部门负责征收的……海域使用金……四项政府非税收入（以下简称四项政府非税收入），全部划转给税务部门负责征收。……

第四章 海域使用金

第 37 集
用海项目应缴海域使用金金额低于 1 亿元，需要一次性缴纳吗？

承第 34 集案例。

提问：林老师，B 公司建设填海造地用海，用海项目应缴海域使用金金额低于 1 亿元，需要一次性缴纳吗？

林老师解答

需要。

TAX 政策依据

中华人民共和国海域使用管理法

2001 年 10 月 27 日　中华人民共和国主席令第六十一号

第三十四条　根据不同的用海性质或者情形，海域使用金可以按照规定一次缴纳……

财政部　国家海洋局
关于加强海域使用金征收管理的通知

2007 年 1 月 24 日　财综〔2007〕10 号

二、统一海域使用金征收标准

……对填海造地……等项目用海实行一次性计征海域使用金……

财政部 国家海洋局
关于海域使用金减免管理等有关事项的通知

2008年9月24日 财综〔2008〕71号

三、规范海域使用金分期缴纳行为

用海项目应缴海域使用金金额超过1亿元,用海单位或者个人一次性缴纳海域使用金确有困难的,经有关海洋行政主管部门商同级财政部门同意,可批准其分期缴纳。……

本通知自印发之日起施行,财综〔2006〕24号和财综〔2007〕10号文件与本通知不一致的,一律以本通知规定为准。

财政部 国家海洋局
关于印发《调整海域、无居民海岛使用金征收标准》的通知

2018年3月13日 财综〔2018〕15号

附件1:

海域使用金征收标准

二、海域使用金征收标准调整
……

海域使用金征收标准

单位:万元/公顷

用海方式		海域等别	一等	二等	三等	四等	五等	六等	征收方式
填海造地用海	建设填海造地用海	工业、交通运输、渔业基础设施等填海	……	……	……	……	……	……	一次性征收
		……							
		……							

第四章 海域使用金

第 38 集
海域使用权人未按规定及时足额缴纳海域使用金,需要支付滞纳金吗?

承第 34 集案例。

提问: 林老师,B 公司因资金周转出现问题,未能按规定及时足额缴纳海域使用金,其需要支付滞纳金吗?

林老师解答

需要。

政策依据

财政部 国家海洋局
关于加强海域使用金征收管理的通知

2007 年 1 月 24 日 财综〔2007〕10 号

六、强化海域使用金监督检查

……对不按规定及时足额缴纳海域使用金的,一律按照其滞纳日期及滞纳金额按日加收 1‰的滞纳金。……

溪发说税之非税收入篇

第 39 集

盐田用海可以按照使用年限逐年计征海域使用金吗？

C公司是一家盐业企业，其于2022年8月通过筑堤圈围海域用于盐业生产，用海面积为30公顷，使用海域期限为3年，需要缴纳海域使用金。

提问： 林老师，C公司盐田用海，可以按照使用年限逐年缴纳海域使用金吗？

林老师解答

可以。

政策依据

财政部　国家海洋局
关于加强海域使用金征收管理的通知
2007年1月24日　财综〔2007〕10号

二、统一海域使用金征收标准
……对其他项目用海按照使用年限逐年计征海域使用金。……

财政部　国家海洋局
关于印发《调整海域、无居民海岛使用金征收标准》的通知

2018年3月13日　财综〔2018〕15号

附件1：

海域使用金征收标准

二、海域使用金征收标准调整

……

海域使用金征收标准

单位：万元/公顷

用海方式	海域等别	一等	二等	三等	四等	五等	六等	征收方式
	……	……	……	……	……	……	……	……
围海用海	……	……	……	……	……	……	……	按年度征收
	盐田用海	……	……	……	……	……	……	
	……	……	……	……	……	……	……	

三、用海方式界定

……

用海方式界定

编码		用海方式名称	界定
3		围海用海	指通过筑堤或其他手段，以完全或不完全闭合形式围割海域进行海洋开发活动的用海
	……	……	……
	32	盐田用海	指通过筑堤圈围海域用于盐业生产的用海
	……	……	……

第 40 集

经营性临时用海，如何计征海域使用金？

2022年8月，D公司因生产经营需要临时用海，用海面积为5公顷。

提问：林老师，D公司经营性临时用海，应如何缴纳海域使用金？

林老师解答

D公司经营性临时用海，按年征收标准的25%一次性缴纳海域使用金。

政策依据

财政部 国家海洋局
关于加强海域使用金征收管理的通知

2007年1月24日 财综〔2007〕10号

二、统一海域使用金征收标准

……经营性临时用海按年征收标准的25%一次性计征海域使用金。……

第四章 海域使用金

划重点 消痛点

根据财综〔2007〕10号文件第二条的规定,使用海域不超过6个月的,按年征收标准的50%一次性计征海域使用金;超过6个月不足1年的,按年征收标准一次性计征海域使用金。

第三节　海域使用金的优惠政策

第 41 集

城市道路用海，可以免缴海域使用金吗？

2022年8月，E单位因建设城市道路使用海域面积6公顷。

提问：林老师，E单位因建设城市道路用海，可以免缴海域使用金吗？

林老师解答

可以。

政策依据

中华人民共和国海域使用管理法

2001年10月27日　中华人民共和国主席令第六十一号

第三十五条　下列用海，免缴海域使用金：

……

（三）非经营性的航道、锚地等交通基础设施用海；

……

第四章 海域使用金

财政部 国家海洋局
关于印发《海域使用金减免管理办法》的通知

2006年7月5日 财综〔2006〕24号

海域使用金减免管理办法

第四条 下列项目用海，依法免缴海域使用金：

……

（三）航道、避风（避难）锚地、航标、由政府还贷的跨海桥梁及海底隧道等非经营性交通基础设施用海。

……

第十三条 本办法自2006年10月1日起实施。

财政部 国家海洋局
关于海域使用金减免管理等有关事项的通知

2008年9月24日 财综〔2008〕71号

一、进一步明确海域使用金免缴范围

……

（三）财综〔2006〕24号文件第四条（三）规定的非经营性交通基础设施用海，除（三）明确的范围以外，还包括城市道路、非收费的公路与桥梁用海，不包括企业专用的交通基础设施用海。

> **划重点 消痛点**

根据《中华人民共和国海域使用管理法》第三十五条的规定，可以享受免缴海域使用金优惠政策的用海项目，除本案例中的非经营性的航道、锚地等交通基础设施用海外，还包括下列用海：

1. 军事用海；
2. 公务船舶专用码头用海；
3. 教学、科研、防灾减灾、海难搜救打捞等非经营性公益事业用海。

第 42 集

非专用的锚地用海，可以申请减免海域使用金吗？

扫码看视频

2022 年 8 月，F 单位因建设非专用的锚地，使用海域面积 10 公顷。

提问：林老师，F 单位因建设非专用的锚地用海，可以申请减免海域使用金吗？

林老师解答

可以。

TAX 政策依据

中华人民共和国海域使用管理法

2001 年 10 月 27 日　中华人民共和国主席令第六十一号

第三十六条　下列用海，按照国务院财政部门和国务院海洋行政主管部门的规定，经有批准权的人民政府财政部门和海洋行政主管部门审查批准，可以减缴或者免缴海域使用金：

（一）公用设施用海；

……

第四章 海域使用金

财政部 国家海洋局
关于印发《海域使用金减免管理办法》的通知

2006年7月5日 财综〔2006〕24号

海域使用金减免管理办法

第五条 下列项目用海，依法减免海域使用金：

（一）除避风（避难）以外的其他锚地、出入海通道等公用设施用海。

财政部 国家海洋局
关于海域使用金减免管理等有关事项的通知

2008年9月24日 财综〔2008〕71号

二、统一海域使用金减免政策

（一）财综〔2006〕24号文件第五条（一）规定的"除避风（避难）以外的其他锚地、出入海通道等公用设施用海"，指非专用的锚地和出入海通道，减免海域使用金的幅度最高不得超过应缴金额的30%。

划重点 消痛点

根据《中华人民共和国海域使用管理法》第三十六条的规定，可以享受减缴或者免缴海域使用金优惠政策的用海项目，除本案例中的公用设施用海外，还包括下列用海：

1. 国家重大建设项目用海；
2. 养殖用海。

第五章　无居民海岛使用金

第一节　无居民海岛使用金的征收范围和征收标准

第43集

企业竞得无居民海岛使用权，其应缴纳的无居民海岛使用金应如何确定？

扫码看视频

甲县自然资源和规划局于2022年8月公开挂牌出让一宗无居民海岛使用权，该无居民海岛等别为三等，用岛类型为旅游娱乐用岛，用岛方式为轻度利用式，出让年限为50年。

A公司向甲县自然资源和规划局缴纳竞买保证金400万元，参加该宗无居民海岛使用权"招拍挂"竞价。

A公司最终以5000万元竞得该宗无居民海岛使用权，当月签订了该宗无居民海岛使用权出让合同。

提问：林老师，A公司竞得该宗无居民海岛使用权，其应缴纳的无居民海岛使用金应如何确定？

林老师解答

A公司应缴纳的无居民海岛使用金按其竞得该宗无居民海岛使用权的成交价款5000万元确定。

第五章 无居民海岛使用金

> **TAX 政策依据**
>
> **财政部　国家海洋局**
> **关于印发《无居民海岛使用金征收使用管理办法》的通知**
>
> 2010年6月7日　财综〔2010〕44号
>
> 附件：
>
> **无居民海岛使用金征收使用管理办法**
>
> 第二条　国家实行无居民海岛有偿使用制度。
>
> 单位和个人利用无居民海岛，应当经国务院或者沿海省、自治区、直辖市人民政府依法批准，并按照本办法规定缴纳无居民海岛使用金。……
>
> 无居民海岛使用金，是指国家在一定年限内出让无居民海岛使用权，由无居民海岛使用者依法向国家缴纳的无居民海岛使用权价款……
> ……
>
> 第三十二条　本办法自2010年8月1日起施行。

知识链接

如何取得无居民海岛使用权？

根据《无居民海岛使用金征收使用管理办法》第三条的规定，无居民海岛使用权可以通过申请审批方式出让，也可以通过招标、拍卖、挂牌的方式出让。其中，旅游、娱乐、工业等经营性用岛有两个及两个以上意向者的，一律实行招标、拍卖、挂牌方式出让。未经批准，无居民海岛使用者不得转让、出租和抵押无居民海岛使用权，不得改变海岛用途和用岛性质。

第44集

企业竞得无居民海岛使用权依法缴纳的其他相关税费，需要计入无居民海岛使用金吗？

承第43集案例。

提问：林老师，A公司竞得该宗无居民海岛使用权依法缴纳的其他相关税费，需要计入无居民海岛使用金吗？

林老师解答

不需要。

政策依据

财政部　国家海洋局
关于印发《无居民海岛使用金征收使用管理办法》的通知

2010年6月7日　财综〔2010〕44号

附件：

无居民海岛使用金征收使用管理办法

第二条 ……

无居民海岛使用金，……不包括无居民海岛使用者取得无居民海岛使用权应当依法缴纳的其他相关税费。

第二节　无居民海岛使用金的征收管理

第 45 集

企业竞得无居民海岛使用权，应向哪个部门申报缴纳无居民海岛使用金？

扫码看视频

承第 43 集案例。

提问：林老师，A 公司竞得该宗无居民海岛使用权，应向哪个部门申报缴纳无居民海岛使用金剩余价款 4600 万元？

林老师解答

A 公司应向税务部门申报缴纳无居民海岛使用金剩余价款 4600 万元。

TAX 政策依据

财政部　自然资源部　税务总局　人民银行关于将国有土地使用权出让收入、矿产资源专项收入、海域使用金、无居民海岛使用金四项政府非税收入划转税务部门征收有关问题的通知

2021 年 5 月 21 日　财综〔2021〕19 号

一、将由自然资源部门负责征收的……无居民海岛使用金四项政府非税收入（以下简称四项政府非税收入），全部划转给税务部门负责征收。……

第46集

无居民海岛使用者未按规定及时足额缴纳无居民海岛使用金,需要支付滞纳金吗?

B公司于2022年1月取得一宗无居民海岛使用权,因资金周转出现问题,其未能及时足额缴纳无居民海岛使用金。

提问: 林老师,B公司未按规定及时足额缴纳无居民海岛使用金,需要支付滞纳金吗?

林老师解答

需要。

政策依据

财政部 国家海洋局
关于印发《无居民海岛使用金征收使用管理办法》的通知
2010年6月7日 财综〔2010〕44号

附件:

无居民海岛使用金征收使用管理办法

第十三条 无居民海岛使用者未按规定及时足额缴纳无居民海岛使用金的,按日加收1‰的滞纳金。

第五章　无居民海岛使用金

第 47 集

无居民海岛使用权出让最低价应如何计算确定？

乙市自然资源和规划局拟于 2022 年 8 月公开挂牌出让一宗无居民海岛使用权，该无居民海岛等别为二等，出让面积为 20 公顷，用岛类型为交通运输用岛，用岛方式为中度利用式，出让年限为 40 年。

提问：林老师，乙市自然资源和规划局拟公开挂牌出让该宗无居民海岛使用权的出让最低价应如何计算确定？

林老师解答

该宗无居民海岛使用权出让最低价计算如下：

无居民海岛使用权出让最低价
= 无居民海岛使用权出让面积 × 出让年限 × 无居民海岛使用权出让最低标准
= 20 × 40 × 5.69
= 4552（万元）

TAX 政策依据

财政部　国家海洋局
关于印发《调整海域、无居民海岛使用金征收标准》的通知
2018 年 3 月 13 日　财综〔2018〕15 号

……财政部、国家海洋局制定了……《无居民海岛使用金征收标准》（见附件，以下简称国家标准），……

一、自本通知施行之日起，征收……无居民海岛使用金统一按照国家标准执行。

附件2：

无居民海岛使用金征收标准

二、无居民海岛用岛类型

根据无居民海岛开发利用项目主导功能定位，将用岛类型划分为九类。

类型编码	类型名称	界　定
2	交通运输用岛	用于港口码头、路桥、隧道、机场等交通运输设施及其附属设施建设的用岛。

……

三、无居民海岛用岛方式

根据用岛活动对海岛自然岸线、表面积、岛体和植被等的改变程度，将无居民海岛用岛方式划分为六种。

类型编码	类型名称	界　定
3	中度利用式	造成海岛自然岸线、表面积、岛体和植被等要素发生改变，且变化率最高的指标符合以下任一条件的用岛行为：1）改变海岛自然岸线属性＞10%且＜30%；2）改变海岛表面积＞10%且＜30%；3）改变海岛岛体体积＞10%且＜30%；4）破坏海岛植被＞10%且＜30%。

……

四、无居民海岛使用权出让最低标准

根据各用岛类型的收益情况和用岛方式对海岛生态系统造成的影响，在充分体现国家所有者权益的基础上，将生态环境损害成本纳入价格形成机制，确定无居民海岛使用权出让最低标准。国家每年对无居民海岛使用权出让最低标准进行评估，适时调整。

无居民海岛使用权出让最低标准

单位：万元/公顷·年

等别	用岛方式 用岛类型	原生利用式	轻度利用式	中度利用式	重度利用式	极度利用式	填海连岛与造成岛体消失的用岛
二等	……	……	……	……	……	……	1976.00万元/公顷，按用岛面积一次性计征
	交通运输用岛	……	……	5.69	……	……	
	……	……	……	……	……	……	
	……	—					

最低价计算公式为"无居民海岛使用权出让最低价 = 无居民海岛使用权出让面积 × 出让年限 × 无居民海岛使用权出让最低标准"。

知识链接

1. 无居民海岛等别

财综〔2018〕15号文件附件2《无居民海岛使用金征收标准》第一条规定，自2018年5月1日起，依据经济社会发展条件差异和无居民海岛分布情况，将无居民海岛划分为六等。

一等：

上海：浦东新区

山东：青岛市（市北区　市南区）

福建：厦门市（湖里区　思明区）

广东：广州市（黄埔区　南沙区）　深圳市（宝安区　福田区　龙岗区　南山区　盐田区）

二等：

上海：金山区

天津：滨海新区

辽宁：大连市（沙河口区　西岗区　中山区）
山东：青岛市（城阳区　黄岛区　崂山区）
福建：泉州市丰泽区　厦门市（海沧区　集美区）
广东：东莞市　中山市　珠海市（金湾区　香洲区）

三等：

上海：崇明区

辽宁：大连市甘井子区

山东：即墨市　龙口市　蓬莱市　日照市（东港区　岚山区）荣成市　威海市环翠区　烟台市（莱山区　芝罘区）

浙江：宁波市（北仑区　鄞州区　镇海区）　台州市（椒江区　路桥区）　舟山市定海区

福建：福清市　福州市马尾区　晋江市　泉州市泉港区　石狮市　厦门市翔安区

广东：茂名市电白区　惠东县　惠州市惠阳区　汕头市（澄海区　濠江区　潮南区　潮阳区　金平区　龙湖区）　湛江市（赤坎区　麻章区　坡头区）

海南：海口市美兰区　三亚市（吉阳区　崖州区　天涯区　海棠区）

四等：

辽宁：长海县　大连市（金州区　旅顺口区）　瓦房店市　葫芦岛市市辖区　绥中县　兴城市

河北：秦皇岛市山海关区

山东：莱州市　乳山市　威海市文登区　烟台市牟平区　海阳市

江苏：连云港市连云区

浙江：海盐县　平湖市　嵊泗县　温岭市　玉环市　乐清市　舟山市普陀区

福建：福州市长乐区　惠安县　龙海市　南安市

广东：恩平市　南澳县　汕尾市城区　台山市　阳江市江城区

广西：北海市海城区

海南：儋州市

五等：

辽宁：东港市　大连市普兰店区　庄河市

河北：唐山市曹妃甸区　乐亭县

山东：长岛县　东营市（东营区　河口区）　莱阳市　潍坊市寒亭区

江苏：盐城市大丰区　东台市　如东县

浙江：岱山县　温州市洞头区　宁波市奉化区　临海市　宁海县　瑞安市　三门县　象山县

福建：连江县　罗源县　平潭县　莆田市（荔城区　秀屿区）　漳浦县

广东：海丰县　惠来县　雷州市　廉江市　陆丰市　饶平县　遂溪县　吴川市　徐闻县　阳东县　阳西县

广西：防城港市（防城区　港口区）　钦州市钦南区

海南：澄迈县　琼海市　文昌市　陵水县　乐东县　万宁市

六等：

辽宁：锦州市（凌海市）　盘锦市（大洼区　盘山县）

山东：昌邑市　广饶县　利津县　无棣县

江苏：连云港市赣榆区

浙江：苍南县　平阳县

福建：东山县　福安市　福鼎市　宁德市蕉城区　霞浦县　云霄县　诏安县

广西：东兴市　合浦县

海南：昌江县　东方市　临高县　三沙市

我国管辖的其他区域的海岛。

2. 无居民海岛用岛类型

财综〔2018〕15号文件附件2《无居民海岛使用金征收标准》第二条规定,自2018年5月1日起,根据无居民海岛开发利用项目主导功能定位,将用岛类型划分为九类(见表5-1)。

表5-1　　　　　　　　　　无居民海岛类型划分

类型编码	类型名称	界　　定
1	旅游娱乐用岛	用于游览、观光、娱乐、康体等旅游娱乐活动及相关设施建设的用岛
2	交通运输用岛	用于港口码头、路桥、隧道、机场等交通运输设施及其附属设施建设的用岛
3	工业仓储用岛	用于工业生产、工业仓储等的用岛,包括船舶工业、电力工业、盐业等
4	渔业用岛	用于渔业生产活动及其附属设施建设的用岛
5	农林牧业用岛	用于农、林、牧业生产活动的用岛
6	可再生能源用岛	用于风能、太阳能、海洋能、温差能等可再生能源设施建设的经营性用岛
7	城乡建设用岛	用于城乡基础设施及配套设施等建设的用岛
8	公共服务用岛	用于科研、教育、监测、观测、助航导航等非经营性和公益性设施建设的用岛
9	国防用岛	用于驻军、军事设施建设、军事生产等国防目的的用岛

3. 无居民海岛用岛方式

财综〔2018〕15号文件附件2《无居民海岛使用金征收标准》第三条规定,自2018年5月1日起,根据用岛活动对海岛自然岸线、表面积、岛体和植被等的改变程度，将无居民海岛用岛方式划分为六种（见表5-2）。

表5-2　　　　　　　　　无居民海岛用岛方式划分

方式编码	方式名称	界定
1	原生利用式	不改变海岛岛体及表面积，保持海岛自然岸线和植被的用岛行为
2	轻度利用式	造成海岛自然岸线、表面积、岛体和植被等要素发生改变，且变化率最高的指标符合以下任一条件的用岛行为： 1）改变海岛自然岸线属性≤10%； 2）改变海岛表面积≤10%； 3）改变海岛岛体体积≤10%； 4）破坏海岛植被≤10%
3	中度利用式	造成海岛自然岸线、表面积、岛体和植被等要素发生改变，且变化率最高的指标符合以下任一条件的用岛行为： 1）改变海岛自然岸线属性>10%且<30%； 2）改变海岛表面积>10%且<30%； 3）改变海岛岛体体积>10%且<30%； 4）破坏海岛植被>10%且<30%
4	重度利用式	造成海岛自然岸线、表面积、岛体和植被等要素发生改变，且变化率最高的指标符合以下任一条件的用岛行为： 1）改变海岛自然岸线属性≥30%且<65%； 2）改变岛体表面积≥30%且<65%； 3）改变海岛岛体体积≥30%且<65%； 4）破坏海岛植被≥30%且<65%
5	极度利用式	造成海岛自然岸线、表面积、岛体和植被等要素发生改变，且变化率最高的指标符合以下任一条件的用岛行为： 1）改变海岛自然岸线属性≥65%； 2）改变岛体表面积≥65%； 3）改变海岛岛体体积≥65%； 4）破坏海岛植被≥65%
6	填海连岛与造成岛体消失的用岛	

4. 无居民海岛使用权出让最低标准

财综〔2018〕15号文件附件2《无居民海岛使用金征收标准》第四条规定，自2018年5月1日起，根据各用岛类型的收益情况和用岛方式对海岛生态系统造成的影响，在充分体现国家所有者权益的基础上，将生态环境损害成本纳入价格形成机制，确定无居民海岛使用权出让最低标准。国家每年对无居民海岛使用权出让最低标准进行评估，适时调整。无居民海岛使用权出让最低标准见表5-3。

表5-3 无居民海岛使用权出让最低标准

单位：万元/公顷·年

等别	用岛方式 用岛类型	原生利用式	轻度利用式	中度利用式	重度利用式	极度利用式	填海连岛与造成岛体消失的用岛
一等	旅游娱乐用岛	0.95	1.91	5.73	12.41	19.09	2455.00万元/公顷，按用岛面积一次性计征
	交通运输用岛	1.18	2.36	7.07	15.32	23.56	
	工业仓储用岛	1.37	2.75	8.25	17.87	27.49	
	渔业用岛	0.38	0.75	2.26	4.90	7.54	
	农林牧业用岛	0.30	0.60	1.81	3.92	6.03	
	可再生能源用岛	1.04	2.08	6.25	13.54	20.83	
	城乡建设用岛	1.47	2.95	8.84	19.15	29.46	
	公共服务用岛	—					
	国防用岛	—					
二等	旅游娱乐用岛	0.77	1.54	4.62	10.00	15.38	1976.00万元/公顷，按用岛面积一次性计征
	交通运输用岛	0.95	1.90	5.69	12.33	18.97	
	工业仓储用岛	1.11	2.21	6.64	14.38	22.13	
	渔业用岛	0.30	0.61	1.83	3.95	6.08	

第五章 无居民海岛使用金

续表

等别	用岛类型 \ 用岛方式	原生利用式	轻度利用式	中度利用式	重度利用式	极度利用式	填海连岛与造成岛体消失的用岛
二等	农林牧业用岛	0.24	0.49	1.46	3.16	4.87	1976.00万元/公顷，按用岛面积一次性计征
	可再生能源用岛	0.84	1.68	5.04	10.91	16.78	
	城乡建设用岛	1.19	2.37	7.11	15.41	23.71	
	公共服务用岛	—	—	—	—	—	
	国防用岛	—	—	—	—	—	
三等	旅游娱乐用岛	0.68	1.37	4.10	8.88	13.66	1729.00万元/公顷，按用岛面积一次性计征
	交通运输用岛	0.83	1.66	4.98	10.79	16.60	
	工业仓储用岛	0.97	1.94	5.81	12.59	19.36	
	渔业用岛	0.28	0.55	1.65	3.58	5.50	
	农林牧业用岛	0.22	0.44	1.32	2.86	4.40	
	可再生能源用岛	0.75	1.49	4.47	9.69	14.90	
	城乡建设用岛	1.04	2.07	6.22	13.48	20.75	
	公共服务用岛	—	—	—	—	—	
	国防用岛	—	—	—	—	—	
四等	旅游娱乐用岛	0.49	0.98	2.94	6.36	9.79	1248.00万元/公顷，按用岛面积一次性计征
	交通运输用岛	0.60	1.20	3.59	7.79	11.98	
	工业仓储用岛	0.70	1.40	4.19	9.08	13.98	
	渔业用岛	0.20	0.39	1.17	2.54	3.91	
	农林牧业用岛	0.16	0.31	0.94	2.03	3.13	
	可再生能源用岛	0.53	1.07	3.20	6.94	10.68	
	城乡建设用岛	0.75	1.50	4.49	9.73	14.97	
	公共服务用岛	—	—	—	—	—	
	国防用岛	—	—	—	—	—	

续表

等别	用岛方式 用岛类型	原生利用式	轻度利用式	中度利用式	重度利用式	极度利用式	填海连岛与造成岛体消失的用岛
五等	旅游娱乐用岛	0.42	0.84	2.51	5.45	8.38	1056.00万元/公顷，按用岛面积一次性计征
	交通运输用岛	0.51	1.01	3.04	6.59	10.14	
	工业仓储用岛	0.59	1.18	3.55	7.69	11.83	
	渔业用岛	0.17	0.34	1.02	2.21	3.39	
	农林牧业用岛	0.14	0.27	0.81	1.76	2.71	
	可再生能源用岛	0.46	0.91	2.74	5.94	9.14	
	城乡建设用岛	0.63	1.27	3.80	8.24	12.68	
	公共服务用岛	—	—	—	—	—	
	国防用岛	—	—	—	—	—	
六等	旅游娱乐用岛	0.37	0.75	2.24	4.86	7.48	927.00万元/公顷，按用岛面积一次性计征
	交通运输用岛	0.45	0.89	2.67	5.79	8.90	
	工业仓储用岛	0.52	1.04	3.12	6.75	10.39	
	渔业用岛	0.15	0.31	0.93	2.01	3.09	
	农林牧业用岛	0.12	0.25	0.74	1.61	2.47	
	可再生能源用岛	0.41	0.82	2.45	5.30	8.16	
	城乡建设用岛	0.56	1.11	3.34	7.23	11.13	
	公共服务用岛	—	—	—	—	—	
	国防用岛	—	—	—	—	—	

最低价计算公式为"无居民海岛使用权出让最低价=无居民海岛使用权出让面积×出让年限×无居民海岛使用权出让最低标准"。

无居民海岛出让前，应确定无居民海岛等别、用岛类型和用岛方式，核算出让最低价，在此基础上对无居民海岛上的珍稀濒危物种、淡水、沙滩等资源价值进行评估，一并形成出让价。出让价作为申请审批出让和市场化出让底价的参考依据，不得低于最低价。

第五章　无居民海岛使用金

第 48 集　无居民海岛使用者应缴纳的无居民海岛使用金额度超过 1 亿元，可以申请分次缴纳吗？

C 公司于 2022 年 8 月取得一宗无居民海岛使用权，应缴纳的无居民海岛使用金为 1.2 亿元。

提问：林老师，C 公司应缴纳的无居民海岛使用金额度超过 1 亿元，可以申请在 3 年时间内分次缴纳吗？

林老师解答

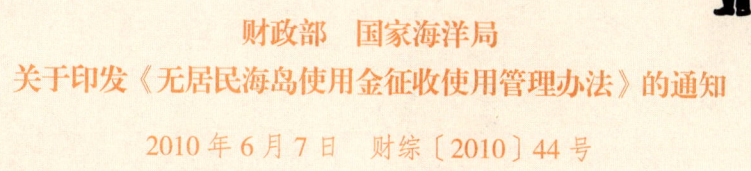

可以。

政策依据

财政部　国家海洋局
关于印发《无居民海岛使用金征收使用管理办法》的通知

2010 年 6 月 7 日　财综〔2010〕44 号

附件：

无居民海岛使用金征收使用管理办法

第十条 ……

应缴纳的无居民海岛使用金额度超过 1 亿元的，无居民海岛使用者可以提出申请，经批准用岛的海洋主管部门商同级财政部门同意后，可以在 3 年时间内分次缴纳。

财政部　国家海洋局
关于印发《调整海域、无居民海岛使用金征收标准》的通知
2018年3月13日　财综〔2018〕15号

五、经批准分期缴纳……无居民海岛使用金的……用岛项目，在批准的分期缴款时间内，应按照出让合同或分期缴款批复缴纳剩余部分。

第三节　无居民海岛使用金的优惠政策

第 49 集

非经营性码头建设用岛，可以申请免缴无居民海岛使用金吗？

扫码看视频

2022 年 8 月，D 公司因建设非经营性码头使用无居民海岛面积 1 公顷。

提问：林老师，D 公司因建设非经营性码头用岛，可以申请免缴无居民海岛使用金吗？

林老师解答

可以。

政策依据

财政部　国家海洋局
关于印发《无居民海岛使用金征收使用管理办法》的通知
2010 年 6 月 7 日　财综〔2010〕44 号

附件：

无居民海岛使用金征收使用管理办法

第十四条　下列用岛免缴无居民海岛使用金：

……

（五）非经营性公用基础设施建设用岛，包括非经营性码头、桥梁、道路建设用岛，非经营性供水、供电设施建设用岛，不包括为上述非经营性基础设施提供配套服务的经营性用岛；

……

第十五条　免缴无居民海岛使用金的，应当依法申请并经核准。

划重点　消痛点

根据《无居民海岛使用金征收使用管理办法》第十四条的规定，可以享受免缴无居民海岛使用金优惠政策的用岛项目，除本案例中的非经营性公用基础设施建设用岛外，还包括下列用岛：

1. 国防用岛；

2. 公务用岛，指各级国家行政机关或者其他承担公共事务管理任务的单位依法履行公共事务管理职责的用岛；

3. 教学用岛，指非经营性的教学和科研项目用岛；

4. 防灾减灾用岛；

5. 基础测绘和气象观测用岛；

6. 国务院财政部门、海洋主管部门认定的其他公益事业用岛。

第六章　防空地下室易地建设费

第一节　防空地下室易地建设费的征收范围和征收管理

第 50 集

易地建设防空地下室的申请获得批准后，需要缴纳防空地下室易地建设费吗？

扫码看视频

> A 公司于 2022 年 6 月新建一栋办公楼，该办公楼建在流砂地段，因地质条件不适于修建防空地下室，A 公司按照有关规定提出易地建设防空地下室申请，并于 8 月获得有批准权限的人防主管部门批准。
>
> A 公司所在的地区系防空地下室易地建设费征收地区。①
>
> **提问**：林老师，A 公司需要申报缴纳防空地下室易地建设费吗？

林老师解答

需要。

---

① 除另有说明，本章各集案例所列举单位（个人）所在的地区均系防空地下室易地建设费征收地区。

> **TAX 政策依据**
>
> 国家计委 财政部 国家国防动员委员会 建设部
> 印发《关于规范防空地下室易地建设收费的规定》的通知
>
> 2000年4月27日 计价格〔2000〕474号
>
> 附件：
>
> 关于规范防空地下室易地建设收费的规定
>
> 二、对按规定需要配套建设防空地下室的，防空地下室建设要随民用建筑项目计划一同下达，坚持同步配套建设，不得收费。对按规定需要同步配套建设，但确因下列条件限制不能同步配套建设的，建设单位可以申请易地建设：
>
> ……
>
> （三）建在流砂、暗河、基岩埋深很浅等地段的项目，因地质条件不适于修建的；
>
> ……
>
> 三、建设单位依前条规定提出易地建设申请，经有批准权限的人防主管部门批准后，应按应建防空地下室的建筑面积和规定的易地建设费标准交纳建设费用，由人防主管部门统一就地就近安排易地建设人防工程。
>
> ……
>
> 八、本规定自颁布之日起执行。

划重点 消痛点

根据《关于规范防空地下室易地建设收费的规定》第二条的规定，按规定需要同步配套建设，但确因条件限制不能同步配套建设的，建设单位可以申请易地建设的情形，除本案例中例举的情形外，还包括下列情形：

1. 采用桩基且桩基承台顶面埋置深度小于3米（或者不足规定的地下

第六章 防空地下室易地建设费

室空间净高）的；

2. 按规定指标应建防空地下室的面积只占地面建筑首层的局部，结构和基础处理困难，且经济很不合理的；

3. 因建设地段房屋或地下管道设施密集，防空地下室不能施工或者难以采取措施保证施工安全的。

第 51 集

防空地下室易地建设费应向哪个部门申报缴纳？

扫码看视频

承第 50 集案例。

提问：林老师，A 公司应向哪个部门申报缴纳防空地下室易地建设费？

林老师解答

A 公司应向其主管税务机关申报缴纳防空地下室易地建设费。

TAX 政策依据

**财政部关于水土保持补偿费等四项非税收入
划转税务部门征收的通知**

2020 年 12 月 4 日　财税〔2020〕58 号

一、自 2021 年 1 月 1 日起，将……防空地下室易地建设费划转至税务部门征收。……

99

国家税务总局关于水土保持补偿费等
政府非税收入项目征管职责划转有关事项的公告

2020年12月11日　国家税务总局公告2020年第21号

一、自2021年1月1日起，……防空地下室易地建设费划转至税务部门征收。征收范围、征收对象、征收标准等政策仍按现行规定执行。

……

六、防空地下室易地建设费自2021年1月1日起，由缴费人根据人防部门核定的收费金额向税务部门申报缴纳。

第二节　防空地下室易地建设费的优惠政策

第 52 集

新建幼儿园项目，可以减半收取防空地下室易地建设费吗？

B 幼儿园于 2022 年 8 月新建一栋教学楼，该栋教学楼将用于幼儿园教育。

提问：林老师，B 幼儿园新建教学楼项目，可以减半收取防空地下室易地建设费吗？

林老师解答

可以。

TAX 政策依据

国家计委　财政部　国家国防动员委员会　建设部印发《关于规范防空地下室易地建设收费的规定》的通知

2000 年 4 月 27 日　计价格〔2000〕474 号

附件：

关于规范防空地下室易地建设收费的规定

四、……对以下新建民用建筑项目应适当减免防空地下室易地建设费：

……

(二)新建幼儿园……等民用建筑,减半收取;

……

第53集
开发建设不增加面积的危房翻新改造商品住宅项目,可以免收防空地下室易地建设费吗?

C公司于2022年8月开发建设不增加面积的危房翻新改造商品住宅项目。

提问:林老师,C公司开发建设不增加面积的危房翻新改造商品住宅项目,可以免收防空地下室易地建设费吗?

林老师解答

可以。

TAX 政策依据

国家计委 财政部 国家国防动员委员会 建设部印发《关于规范防空地下室易地建设收费的规定》的通知

2000年4月27日 计价格〔2000〕474号

附件:

关于规范防空地下室易地建设收费的规定

四、……对以下新建民用建筑项目应适当减免防空地下室易地建设费:

……

第六章 防空地下室易地建设费

（三）……不增加面积的危房翻新改造商品住宅项目，予以免收；
……

第 54 集 因遭受火灾造成损坏后按原面积修复的民用建筑，可以免收防空地下室易地建设费吗？

D 公司是一家食品生产企业。

2022 年 5 月，D 公司的一栋职工宿舍楼因遭受火灾造成损坏，该公司于 8 月对该宿舍楼按原面积进行修复。

提问：林老师，D 公司因遭受火灾造成损坏后按原面积修复的职工宿舍楼，可以免收防空地下室易地建设费吗？

林老师解答

可以。

政策依据

国家计委 财政部 国家国防动员委员会 建设部印发《关于规范防空地下室易地建设收费的规定》的通知

2000 年 4 月 27 日　计价格〔2000〕474 号

附件：

关于规范防空地下室易地建设收费的规定

四、……对以下新建民用建筑项目应适当减免防空地下室易地建设费：

（四）因遭受……火灾……造成损坏后按原面积修复的民用建筑，予以免收。

第 55 集
廉租住房和经济适用住房建设，可以免收防空地下室易地建设费吗？

E 公司于 2022 年 8 月进行廉租住房和经济适用住房建设。

提问：林老师，E 公司进行廉租住房和经济适用住房建设，可以免收防空地下室易地建设费吗？

林老师解答

可以。

政策依据

财政部关于贯彻落实国务院关于解决城市低收入家庭住房困难若干意见的通知

2007 年 9 月 5 日　财综〔2007〕53 号

四、落实解决城市低收入家庭住房困难的各项税费支持政策

（一）落实免收行政事业性收费和政府性基金政策。按照国发〔2007〕24 号文件规定，廉租住房和经济适用住房建设、棚户区改造、旧住宅区整治，一律免收各项行政事业性收费和政府性基金，各级财政部门要认真贯彻落实。免收的全国性行政事业性收费包括防空地下室易地建设费……等项目。

第六章　防空地下室易地建设费

划重点　消痛点

根据财综〔2007〕53号文件第四条第（一）项的规定，廉租住房和经济适用住房建设、棚户区改造、旧住宅区整治免收的全国性行政事业性收费项目，除本案例中例举的防空地下室易地建设费外，还包括城市房屋拆迁管理费、工程定额测定费、白蚁防治费、建设工程质量监督费等项目。

第56集　中学校舍安全工程建设，可以免收防空地下室易地建设费吗？

F中学于2022年8月进行校舍安全工程建设。

提问：林老师，F中学进行校舍安全工程建设，可以免收防空地下室易地建设费吗？

林老师解答

可以。

政策依据

财政部　国家发展改革委
关于免收全国中小学校舍安全工程建设有关收费的通知
2010年7月20日　财综〔2010〕57号

一、所有中小学校"校舍安全工程"建设所涉及的行政事业性收费，包括经国务院和财政部、国家发展改革委批准设立的全国性及中央

溪发说税之非税收入篇

部门和单位行政事业性收费，以及经省级人民政府及其财政、价格主管部门批准设立的行政事业性收费，一律予以全额免收。免收的全国性及中央部门和单位行政事业性收费具体包括：……防空地下室易地建设费……等。

划重点　消痛点

根据财综〔2010〕57号文件第一条的规定，所有中小学校"校舍安全工程"建设可全额免收的行政事业性收费项目，除本案例中例举的防空地下室易地建设费外，还包括土地复垦费、耕地开垦费、土地登记费、征（土）地管理费、房屋所有权登记费、城市房屋安全鉴定费、城市排水设施有偿使用费、白蚁防治费、绿化费、排污收费、环境监测服务费、水资源费、特种设备检验检测收费等项目。

第57集

非营利性医疗机构建设，可以免征防空地下室易地建设费吗？

扫码看视频

G医院是一家非营利性医疗机构。

G医院于2022年8月进行住院大楼工程建设，该住院大楼将用于为患者提供非营利性医疗服务。

提问：林老师，G医院进行住院大楼工程建设，可以免征防空地下室易地建设费吗？

第六章 防空地下室易地建设费

[林老师解答]

可以。

[TAX] 政策依据

财政部 国家发展改革委
关于减免养老和医疗机构行政事业性收费有关问题的通知

2014年11月1日 财税〔2014〕77号

一、对非营利性养老和医疗机构建设全额免征行政事业性收费，……

二、上述免征……的行政事业性收费项目包括：

……

（三）人防部门收取的防空地下室易地建设费。

……

五、本通知自2015年1月1日起执行。

[划重点 消痛点]

根据财税〔2014〕77号文件第一条的规定，自2015年1月1日起，对营利性养老和医疗机构建设减半收取该文件第二条规定的行政事业性收费。

根据财税〔2014〕77号文件第二条的规定，自2015年1月1日起，对养老和医疗机构建设可以免征或减半收取的行政事业性收费项目，除本案例中例举的防空地下室易地建设费外，还包括以下项目：

1. 国土资源部门收取的土地复垦费、土地闲置费、耕地开垦费、土地登记费。

2. 住房城乡建设部门收取的房屋登记费、白蚁防治费。

3. 各省、自治区、直辖市人民政府及其财政、价格主管部门按照管理权限批准设立（简称省级设立）的涉及养老和医疗机构建设的行政事业性收费。

第 58 集 易地扶贫搬迁项目建设，可以免征防空地下室易地建设费吗？

H公司于2022年8月进行易地扶贫搬迁项目建设，该项目因地质条件等原因无法修建防空地下室。

提问： 林老师，该易地扶贫搬迁项目可以免征防空地下室易地建设费吗？

林老师解答

可以。

TAX 政策依据

财政部　国家税务总局
关于免征易地扶贫搬迁有关政府性基金和
行政事业性收费政策的通知

2019年6月8日　财税〔2019〕53号

一、……对确因地质条件等原因无法修建防空地下室的易地扶贫搬迁项目，免征防空地下室易地建设费。

……

五、本通知自2019年7月1日起执行。……

第六章 防空地下室易地建设费

划重点　消痛点

根据财税〔2019〕53号文件第一条的规定，对易地扶贫搬迁项目可以免征的政府性基金和行政事业性收费项目，除本案例中例举的防空地下室易地建设费外，还包括城市基础设施配套费、不动产登记费。

第59集 在商品房开发项目中配套建设易地扶贫搬迁安置住房，可以按比例免征防空地下室易地建设费吗？

扫码看视频

I公司是一家房地产开发企业，其于2022年8月开发甲商品房项目。

I公司在甲商品房项目中配套建设易地扶贫搬迁安置住房，甲商品房项目因地质条件等原因无法修建防空地下室。

提问：林老师，I公司在甲商品房开发项目中配套建设易地扶贫搬迁安置住房，可以按安置住房建筑面积占总建筑面积的比例，计算应予免征的防空地下室易地建设费吗？

林老师解答

可以。

> **政策依据**
>
> **财政部　国家税务总局**
> **关于免征易地扶贫搬迁有关政府性基金和**
> **行政事业性收费政策的通知**
>
> 2019年6月8日　财税〔2019〕53号
>
> 一、……对确因地质条件等原因无法修建防空地下室的易地扶贫搬迁项目，免征防空地下室易地建设费。
>
> ……
>
> 三、在商品住房等开发项目中配套建设易地扶贫搬迁安置住房的，按安置住房建筑面积占总建筑面积的比例，计算应予免征的政府性基金和行政事业性收费。

第 60 集

用于提供社区养老服务的建设项目，可以免征防空地下室易地建设费吗？

J养老院是一家为社区提供养老服务的机构，在社区依托固定场所设施，采取全托、日托、上门等方式，为社区居民提供养老服务。

J养老院于2022年8月进行养老院大楼工程建设，该养老院大楼将用于为老年人提供生活照料、康复护理、助餐助行、紧急救援、精神慰藉等服务。

该养老院大楼工程建设项目因地质条件等原因，无法修建防空地下室。

提问：林老师，该养老院大楼工程建设项目，可以免征防空地下室易地建设费吗？

第六章　防空地下室易地建设费

林老师解答

可以。

政策依据

财政部　税务总局　发展改革委　民政部　商务部　卫生健康委关于养老、托育、家政等社区家庭服务业税费优惠政策的公告

2019年6月28日　财政部公告2019年第76号

一、为社区提供养老……等服务的机构，按照以下规定享受税费优惠政策：

……

（四）……用于提供社区养老……服务的建设项目……，确因地质条件等原因无法修建防空地下室的，免征防空地下室易地建设费。

……

三、本公告所称社区是指聚居在一定地域范围内的人们所组成的社会生活共同体，包括城市社区和农村社区。

为社区提供养老服务的机构，是指在社区依托固定场所设施，采取全托、日托、上门等方式，为社区居民提供养老服务的企业、事业单位和社会组织。社区养老服务是指为老年人提供的生活照料、康复护理、助餐助行、紧急救援、精神慰藉等服务。

……

六、本公告自2019年6月1日起执行至2025年12月31日。

划重点　消痛点

根据财政部公告2019年第76号第一条第（四）项的规定，本案例中的J养老院大楼工程建设项目，除可以免征防空地下室易地建设费外，还可以免征城市基础设施配套费。

第七章　排污权使用费

第一节　排污权使用费的征收范围和征收标准

第 61 集

以定额出让方式取得排污权，
其排污权使用费应如何计算缴纳？

A公司是一家排污单位，其于2022年8月通过定额出让方式取得当地政府出让的排污权。

A公司所在的地区系开展排污权有偿使用和交易试点地区。[①]

提问：林老师，A公司以定额出让方式取得排污权，其排污权使用费应如何计算缴纳？

林老师解答

A公司应按照排污许可证确认的污染物排放种类、数量和规定征收标准缴纳排污权使用费。

---

① 除另有说明，本章各集案例所列举单位（个人）所在的地区均系开展排污权有偿使用和交易试点地区。

第七章 排污权使用费

> **政策依据**
>
> 财政部 国家发展改革委 环境保护部
> 关于印发《排污权出让收入管理暂行办法》的通知
>
> 2015年7月23日 财税〔2015〕61号
>
> 附件：
>
> 排污权出让收入管理暂行办法
>
> 第九条 试点地区地方人民政府采取定额出让或通过市场公开出让（包括拍卖、挂牌、协议等）方式出让排污权。
>
> 对现有排污单位取得排污权，采取定额出让方式。
>
> ……
>
> 第十条 采取定额出让方式出让排污权的，排污单位应当按照排污许可证确认的污染物排放种类、数量和规定征收标准缴纳排污权使用费。
>
> ……
>
> 第三十五条 本办法自2015年10月1日起施行。

知识链接

1. 什么是污染物？

根据《排污权出让收入管理暂行办法》第三条的规定，污染物是指国家作为约束性指标进行总量控制的污染物，以及试点地区选择对本地区环境质量有突出影响的其他污染物。试点地区要严格按照国家确定的污染物减排要求，将污染物总量控制指标分解到企事业单位，不得突破总量控制上限。

2. 什么是排污权?

根据《排污权出让收入管理暂行办法》第四条的规定,排污权是指排污单位按照国家或者地方规定的污染物排放标准,以及污染物排放总量控制要求,经核定允许其在一定期限内排放污染物的种类和数量。排污权由试点地区县级以上地方环境保护主管部门按照污染源管理权限核定,并以排污许可证形式予以确认。

3. 什么是排污权出让收入?

根据《排污权出让收入管理暂行办法》第五条的规定,排污权出让收入是指政府以有偿出让方式配置排污权取得的收入,包括采取定额出让方式出让排污权收取的排污权使用费和通过公开拍卖等方式出让排污权取得的收入。

4. 什么是现有排污单位?

根据《排污权出让收入管理暂行办法》第六条的规定,现有排污单位是指试点地区核定初始排污权以及排污权有效期满后重新核定排污权时,已建成投产并通过环保验收的排污单位。

第七章　排污权使用费

第 62 集
缴纳排污权使用费金额较大、一次性缴纳确有困难的排污单位，可以在排污权有效期内分次缴纳排污权使用费吗？

B 公司是一家排污单位，其于 2022 年 8 月通过定额出让方式取得当地政府出让的排污权，需要缴纳排污权使用费，因排污权使用费金额较大，B 公司一次性缴纳确有困难。

提问：林老师，B 公司可以在排污权有效期内分次缴纳排污权使用费吗？

林老师解答

可以。

政策依据

财政部　国家发展改革委　环境保护部
关于印发《排污权出让收入管理暂行办法》的通知
2015 年 7 月 23 日　财税〔2015〕61 号

附件：

排污权出让收入管理暂行办法

第十三条　缴纳排污权使用费金额较大、一次性缴纳确有困难的排污单位，可在排污权有效期内分次缴纳，首次缴款不得低于应缴总额的 40%。

第 63 集

新建项目排污权应通过何种方式取得？

C公司是一家新成立的排污单位，拟于2022年10月取得新建项目排污权。

提问：林老师，C公司的新建项目排污权应通过何种方式取得？

林老师解答

C公司的新建项目排污权应通过市场公开出让方式取得。

政策依据

财政部　国家发展改革委　环境保护部
关于印发《排污权出让收入管理暂行办法》的通知

2015年7月23日　财税〔2015〕61号

附件：

排污权出让收入管理暂行办法

第九条　……

对新建项目排污权……，通过市场公开出让方式。

第七章 排污权使用费

第 64 集

扩建项目新增排污权应通过何种方式取得？

D 公司是一家排污单位，因业务发展拟于 2022 年 10 月取得扩建项目新增排污权。

提问：林老师，D 公司的扩建项目新增排污权应通过何种方式取得？

林老师解答

D 公司的扩建项目新增排污权应通过市场公开出让方式取得。

政策依据

财政部　国家发展改革委　环境保护部
关于印发《排污权出让收入管理暂行办法》的通知

2015 年 7 月 23 日　财税〔2015〕61 号

附件：

排污权出让收入管理暂行办法

第九条　……

对……改建、扩建项目新增排污权……，通过市场公开出让方式。

117

> 划重点 消痛点

根据《排污权出让收入管理暂行办法》第九条的规定，通过市场公开出让方式取得排污权，除第 63 集案例及本案例中例举的情形外，还包括现有排污单位为达到污染物排放总量控制要求新增排污权。

根据第十六条的规定，通过市场公开出让方式出让排污权的，出让底价由试点地区省级价格、财政、环境保护部门参照排污权使用费的征收标准确定。

第 65 集 通过市场公开出让方式购买政府出让的排污权，需要一次性缴清款项或者按照排污权交易合同的约定缴款吗？

E 公司是一家排污单位，其于 2022 年 8 月通过市场公开出让方式购买政府出让的排污权。

提问：林老师，E 公司通过市场公开出让方式购买政府出让的排污权，需要一次性缴清款项或者按照排污权交易合同的约定缴款吗？

林老师解答

需要。

第七章　排污权使用费

> **政策依据**
>
> 财政部　国家发展改革委　环境保护部
> 关于印发《排污权出让收入管理暂行办法》的通知
>
> 2015年7月23日　财税〔2015〕61号
>
> 附件：
>
> 排污权出让收入管理暂行办法
>
> 第十八条　排污单位通过市场公开出让方式购买政府出让的排污权的，应当一次性缴清款项，或者按照排污权交易合同的约定缴款。

第66集

排污单位延续排污权，需要继续缴纳排污权使用费吗？

F公司是一家排污单位，其现有排污权的有效期至2022年8月期满，拟申请延续排污权。

提问： 林老师，F公司延续排污权，需要继续缴纳排污权使用费吗？

林老师解答

需要。

> **TAX 政策依据**
>
> **财政部　国家发展改革委　环境保护部**
> **关于印发《排污权出让收入管理暂行办法》的通知**
>
> 2015年7月23日　财税〔2015〕61号
>
> 附件：
>
> **排污权出让收入管理暂行办法**
>
> 第十二条　排污权有效期原则上为五年。有效期满后，排污单位需要延续排污权的，应当按照地方环境保护部门重新核定的排污权，继续缴纳排污权使用费。

第 67 集

排污单位转让其无偿取得的排污权，需要补缴转让排污权的使用费吗？

G公司是一家排污单位，其于2022年8月转让无偿取得的排污权。

提问：林老师，G公司转让其无偿取得的排污权，需要补缴转让排污权的使用费吗？

林老师解答

需要。

第七章 排污权使用费

> **政策依据**
>
> **财政部 国家发展改革委 环境保护部**
> **关于印发《排污权出让收入管理暂行办法》的通知**
>
> 2015年7月23日 财税〔2015〕61号
>
> 附件：
>
> 排污权出让收入管理暂行办法
>
> 第十五条 ……
> 现有排污单位将无偿取得的排污权进行转让、抵押的，应当按规定征收标准补缴转让、抵押排污权的使用费。

划重点 消痛点

根据《排污权出让收入管理暂行办法》第十五条第一款的规定，对现有排污单位取得排污权，考虑其承受能力，经试点地区省级人民政府批准，在试点初期可暂免缴纳排污权使用费。

第二节 排污权使用费的征收管理

第 68 集

排污权使用费应向哪个部门申报缴纳?

H 公司是一家排污单位,其于 2022 年 1 月取得排污权,需要缴纳排污权使用费。

提问:林老师,H 公司应向哪个部门申报缴纳排污权使用费?

林老师解答

H 公司应向税务部门申报缴纳排污权使用费。

政策依据

财政部关于水土保持补偿费等四项非税收入划转税务部门征收的通知

2020 年 12 月 4 日　财税〔2020〕58 号

一、自 2021 年 1 月 1 日起,将……排污权出让收入……划转至税务部门征收。……

国家税务总局关于水土保持补偿费等政府非税收入项目征管职责划转有关事项的公告

2020年12月11日　国家税务总局公告2020年第21号

一、自2021年1月1日起，……排污权出让收入……划转至税务部门征收。征收范围、征收对象、征收标准等政策仍按现行规定执行。

……

五、已征收排污权出让收入的地区自2021年1月1日起，由缴费人向税务部门自行申报缴纳。……

第八章　城镇垃圾处理费

第69集

餐饮企业产生城市生活垃圾，需要缴纳城镇垃圾处理费吗？

甲公司是一家餐饮企业，其于2022年8月因提供餐饮服务产生城市生活垃圾。

提问：林老师，甲公司产生城市生活垃圾，需要缴纳城镇垃圾处理费吗？

林老师解答

需要。

政策依据

国家计委　财政部　建设部　国家环保总局
关于实行城市生活垃圾处理收费制度促进垃圾处理产业化的通知

2002年6月7日　计价格〔2002〕872号

一、全面推行生活垃圾处理收费制度，促进垃圾处理的良性循环

……所有产生生活垃圾的国家机关、企事业单位（包括交通运输工具）、个体经营者、社会团体、城市居民和城市暂住人口等，均应按规定缴纳生活垃圾处理费。

第八章　城镇垃圾处理费

知识链接

什么是城市生活垃圾？

根据计价格〔2002〕872号文件第一条的规定，城市生活垃圾是指城市人口在日常生活中产生或为城市日常生活提供服务的产生的固体废物，以及法律、行政法规规定，视为城市生活垃圾的固体废物（包括建筑垃圾和渣土，不包括工业固体废物和危险废物）。

第70集

城镇垃圾处理费应向哪个部门申报缴纳？

承第69集案例。

提问：林老师，甲公司产生城市生活垃圾需缴纳的城镇垃圾处理费，应向哪个部门申报缴纳？

扫码看视频

林老师解答

城镇垃圾处理费由甲公司或代征单位自行向税务部门申报缴纳。

> **[TAX] 政策依据**
>
> 财政部关于土地闲置费、城镇垃圾处理费
划转税务部门征收的通知
>
> 2021 年 3 月 26 日　财税〔2021〕8 号
>
> 一、自 2021 年 7 月 1 日起,将……住房城乡建设等部门负责征收的按行政事业性收费管理的城镇垃圾处理费划转至税务部门征收。……
>
> 国家税务总局　财政部　自然资源部
住房和城乡建设部　中国人民银行
关于土地闲置费、城镇垃圾处理费划转有关征管事项的公告
>
> 2021 年 5 月 12 日　国家税务总局　财政部　自然资源部　住房和城乡建设部　中国人民银行公告 2021 年第 12 号
>
> 二、城镇垃圾处理费由缴纳义务人或代征单位自行向税务部门申报缴纳,申报期限和程序按现行规定执行。……

第九章　水土保持补偿费

第一节　水土保持补偿费的缴费主体和征收范围

第 71 集

企业在山区取土、采石，损坏水土保持设施、地貌植被，需要缴纳水土保持补偿费吗？

A 公司于 2022 年 7 月在山区取土、采石（不含河道采砂），损坏水土保持设施、地貌植被，不能恢复原有水土保持功能。A 公司所在的地区系水土保持补偿费征收地区。[①]

提问：林老师，A 公司在山区取土、采石，需要缴纳水土保持补偿费吗？

林老师解答

需要。

政策依据

财政部　国家发展改革委　水利部　中国人民银行关于印发《水土保持补偿费征收使用管理办法》的通知

2014 年 1 月 29 日　财综〔2014〕8 号

水土保持补偿费征收使用管理办法

第五条　在山区、丘陵区、风沙区以及水土保持规划确定的容易

---

① 除另有说明，本章各集案例所列举单位（个人）所在的地区均系水土保持补偿费征收地区。

溪发说税之非税收入篇

> 发生水土流失的其他区域……从事其他生产建设活动，损坏水土保持设施、地貌植被，不能恢复原有水土保持功能的单位和个人（以下简称缴纳义务人），应当缴纳水土保持补偿费。
>
> 前款所称其他生产建设活动包括：
>
> （一）取土、挖砂、采石（不含河道采砂）；
>
> ……
>
> 第三十一条 本办法自2014年5月1日起施行。

知识链接

什么是水土保持补偿费？

根据《水土保持补偿费征收使用管理办法》第二条的规定，水土保持补偿费是水行政主管部门对损坏水土保持设施和地貌植被、不能恢复原有水土保持功能的生产建设单位和个人征收并专项用于水土流失预防治理的资金。

第72集

企业在山区烧制砖、瓦，损坏水土保持设施、地貌植被，需要缴纳水土保持补偿费吗？

B公司于2022年7月在山区烧制砖、瓦，损坏水土保持设施、地貌植被，不能恢复原有水土保持功能。

提问： 林老师，B公司在山区烧制砖、瓦，需要缴纳水土保持补偿费吗？

第九章 水土保持补偿费

林老师解答

需要。

政策依据

财政部 国家发展改革委 水利部 中国人民银行关于印发《水土保持补偿费征收使用管理办法》的通知

2014年1月29日 财综〔2014〕8号

水土保持补偿费征收使用管理办法

第五条 在山区、丘陵区、风沙区以及水土保持规划确定的容易发生水土流失的其他区域……从事其他生产建设活动，损坏水土保持设施、地貌植被，不能恢复原有水土保持功能的单位和个人（以下简称缴纳义务人），应当缴纳水土保持补偿费。

前款所称其他生产建设活动包括：

……

（二）烧制砖、瓦、瓷、石灰；

……

第73集 企业在丘陵区排放废弃土、石，损坏水土保持设施、地貌植被，需要缴纳水土保持补偿费吗？

C公司于2022年7月在丘陵区排放废弃土、石，损坏水土保持设施、地貌植被，不能恢复原有水土保持功能。

提问： 林老师，C公司在丘陵区排放废弃土、石，需要缴纳水土保持补偿费吗？

扫码看视频

> **林老师解答**
>
> 需要。
>
> 🆃🅰🆇 **政策依据**
>
> **财政部　国家发展改革委　水利部　中国人民银行**
> **关于印发《水土保持补偿费征收使用管理办法》的通知**
>
> 2014年1月29日　财综〔2014〕8号
>
> 水土保持补偿费征收使用管理办法
>
> 第五条　在山区、丘陵区、风沙区以及水土保持规划确定的容易发生水土流失的其他区域……从事其他生产建设活动，损坏水土保持设施、地貌植被，不能恢复原有水土保持功能的单位和个人（以下简称缴纳义务人），应当缴纳水土保持补偿费。
>
> 前款所称其他生产建设活动包括：
>
> ……
>
> （三）排放废弃土、石、渣。

划重点　消痛点

根据《水土保持补偿费征收使用管理办法》第五条的规定，单位和个人在山区、丘陵区、风沙区以及水土保持规划确定的容易发生水土流失的其他区域开展建设，损坏水土保持设施、地貌植被，不能恢复原有水土保持功能，需要缴纳水土保持补偿费的情形，除第71集至第73集案例中例举的情形外，还包括开办生产建设项目。

第二节　水土保持补偿费的征收标准和计费方法

第 74 集

企业开办一般性生产建设项目，应如何计算缴纳水土保持补偿费？

扫码看视频

D 公司于 2022 年 7 月在水土保持规划确定的容易发生水土流失的其他区域开办一般性生产建设项目，损坏水土保持设施、地貌植被，不能恢复原有水土保持功能，按规定应当缴纳水土保持补偿费。

提问：林老师，D 公司应如何计算缴纳水土保持补偿费？

林老师解答

D 公司应按照征占用土地面积计算缴纳水土保持补偿费。

TAX 政策依据

财政部　国家发展改革委　水利部　中国人民银行
关于印发《水土保持补偿费征收使用管理办法》的通知

2014 年 1 月 29 日　财综〔2014〕8 号

水土保持补偿费征收使用管理办法

第七条　水土保持补偿费按照下列方式计征：
（一）开办一般性生产建设项目的，按照征占用土地面积计征。

第 75 集

水利水电工程建设项目的水库淹没区，需要缴纳水土保持补偿费吗？

E 公司于 2022 年 7 月在山区开展水利水电工程建设项目，损坏水土保持设施、地貌植被，不能恢复原有水土保持功能，按规定应当缴纳水土保持补偿费。

提问：林老师，E 公司计算水利水电工程建设项目应缴纳的水土保持补偿费时，其水库淹没区在计征范围之内吗？

林老师解答

E 公司计算水利水电工程建设项目应缴纳的水土保持补偿费时，其水库淹没区不在水土保持补偿费计征范围之内。

政策依据

国家发展改革委 财政部
关于降低电信网码号资源占用费等部分行政事业性收费标准的通知

2017 年 6 月 22 日 发改价格〔2017〕1186 号

一、自 2017 年 7 月 1 日起，降低电信网码号资源占用费、公民出入境证件费等部分行政事业性收费标准（见附件）。

附件：

降低的行政事业性收费标准

三、水利部门

水土保持补偿费收费标准按下列规定执行：

第九章 水土保持补偿费

1.……

对水利水电工程建设项目，水库淹没区不在水土保持补偿费计征范围之内。

第 76 集

企业在山区开采矿产资源，建设期间应如何计算缴纳水土保持补偿费？

F 公司于 2022 年 7 月在山区从事矿产资源开采项目，损坏水土保持设施、地貌植被，不能恢复原有水土保持功能，按规定应当缴纳水土保持补偿费。

提问：林老师，F 公司从事矿产资源开采项目，在建设期间应如何计算缴纳水土保持补偿费？

林老师解答

F 公司从事矿产资源开采项目，在建设期间应按照征占用土地面积计算缴纳水土保持补偿费。

政策依据

财政部 国家发展改革委 水利部 中国人民银行
关于印发《水土保持补偿费征收使用管理办法》的通知
2014 年 1 月 29 日　财综〔2014〕8 号

水土保持补偿费征收使用管理办法

第七条　水土保持补偿费按照下列方式计征：

……

（二）开采矿产资源的，在建设期间按照征占用土地面积计征；……

第 77 集

企业在山区采石，应如何计算缴纳水土保持补偿费？

G 公司于 2022 年 7 月在山区采石，损坏水土保持设施、地貌植被，不能恢复原有水土保持功能，按规定应当缴纳水土保持补偿费。

提问：林老师，G 公司应如何计算缴纳水土保持补偿费？

林老师解答

G 公司应按照采石量计算缴纳水土保持补偿费。

政策依据

财政部　国家发展改革委　水利部　中国人民银行
关于印发《水土保持补偿费征收使用管理办法》的通知

2014 年 1 月 29 日　财综〔2014〕8 号

水土保持补偿费征收使用管理办法

第七条　水土保持补偿费按照下列方式计征：

……

（三）取土、挖砂、采石以及烧制砖、瓦、瓷、石灰的，按照取土、挖砂、采石量计征。

第九章 水土保持补偿费

第 78 集

企业排放废弃土、石，应如何计算缴纳水土保持补偿费？

H 公司于 2022 年 7 月在丘陵区排放废弃土、石，损坏水土保持设施、地貌植被，不能恢复原有水土保持功能，按规定应当缴纳水土保持补偿费。

提问：林老师，H 公司应如何计算缴纳水土保持补偿费？

林老师解答

H 公司应按照废弃土、石的排放量计算缴纳水土保持补偿费。

政策依据

财政部 国家发展改革委 水利部 中国人民银行
关于印发《水土保持补偿费征收使用管理办法》的通知

2014 年 1 月 29 日 财综〔2014〕8 号

水土保持补偿费征收使用管理办法

第七条 水土保持补偿费按照下列方式计征：

……

（四）排放废弃土、石、渣的，按照排放量计征。……

知识链接

水土保持补偿费收费标准

根据《国家发展改革委 财政部关于降低电信网码号资源占用费等部分行政事业性收费标准的通知》（发改价格〔2017〕1186号）附件《降低的行政事业性收费标准》第三条的规定，自2017年7月1日起，水土保持补偿费收费标准按下列规定执行：

1. 对一般性生产建设项目，按照征占用土地面积一次性计征，东部地区由每平方米不超过2元（不足1平方米的按1平方米计，同）降为每平方米不超过1.4元，中部地区由每平方米不超过2.2元降为每平方米不超过1.5元，西部地区由每平方米不超过2.5元降为每平方米不超过1.7元。

对水利水电工程建设项目，水库淹没区不在水土保持补偿费计征范围之内。

2. 开采矿产资源的，建设期间，按照征占用土地面积一次性计征，具体收费标准按照上述规定执行。开采期间，石油、天然气以外的矿产资源按照开采量（采掘、采剥总量）计征。石油、天然气根据油、气生产井（不包括水井、勘探井）占地面积按年征收，每口油、气生产井占地面积按不超过2000平方米计算；对丛式井每增加一口井，增加计征面积按不超过400平方米计算，每平方米每年收费由不超过2元降为不超过1.4元。各地在核定具体收费标准时，应充分评估损害程度，对生产技术先进、管理水平较高、生态环境治理投入较大的资源开采企业，在核定收费标准时应按照从低原则制定。

3. 取土、挖砂（河道采砂除外）、采石以及烧制砖、瓦、瓷、石灰的，根据取土、挖砂、采石量，由按照每立方米0.5～2元计征（不足1立方米的按1立方米计，下同）降为按照每立方米0.3～1.4元计征。

第九章 水土保持补偿费

对缴纳义务人已按前两种方式计征水土保持补偿费的,不再重复计征。

4.排放废弃土、石、渣的,根据土、石、渣量,由按照每立方米 0.5～2 元计征降为按照每立方米 0.3～1.4 元计征。对缴纳义务人已按前三种方式计征水土保持补偿费的,不再重复计征。

上述各类收费具体标准,由各省、自治区、直辖市价格主管部门、财政部门会同水行政主管部门根据本地实际情况制定。

第三节　水土保持补偿费的征收管理

第 79 集

水土保持补偿费按次缴纳，其申报缴纳时间应如何确定？

I 公司于 2022 年 7 月在山区开办一般性生产建设项目，损坏水土保持设施、地貌植被，不能恢复原有水土保持功能，按规定应当缴纳水土保持补偿费。

提问：林老师，I 公司按次缴纳水土保持补偿费，其申报缴纳时间应如何确定？

林老师解答

I 公司应于项目开工前一次性缴纳水土保持补偿费。

政策依据

财政部　国家发展改革委　水利部　中国人民银行
关于印发《水土保持补偿费征收使用管理办法》的通知
2014 年 1 月 29 日　财综〔2014〕8 号

水土保持补偿费征收使用管理办法

第九条　开办一般性生产建设项目的，缴纳义务人应当在项目开工前一次性缴纳水土保持补偿费。

第九章 水土保持补偿费

财政部关于水土保持补偿费等四项非税收入划转税务部门征收的通知

2020年12月4日 财税〔2020〕58号

一、自2021年1月1日起，将水土保持补偿费……划转至税务部门征收。……

国家税务总局关于水土保持补偿费等政府非税收入项目征管职责划转有关事项的公告

2020年12月11日 国家税务总局公告2020年第21号

一、自2021年1月1日起，水土保持补偿费……划转至税务部门征收。征收范围、征收对象、征收标准等政策仍按现行规定执行。

……

三、水土保持补偿费自2021年1月1日起，由缴费人向税务部门自行申报缴纳。按次缴纳的，应于项目开工前或建设活动开始前，缴纳水土保持补偿费。……

……

本公告自2021年1月1日起施行。

划重点 消痛点

根据《水土保持补偿费征收使用管理办法》第九条第二款的规定，开采矿产资源处于建设期的，缴纳义务人应当在建设活动开始前一次性缴纳水土保持补偿费；处于开采期的，缴纳义务人应当按季度缴纳水土保持补偿费。

第 80 集

水土保持补偿费按期缴纳，其申报缴纳时间应如何确定？

J 公司于 2022 年 7 月在丘陵区开办生产建设项目，损坏水土保持设施、地貌植被，不能恢复原有水土保持功能，按规定应当缴纳水土保持补偿费。

提问：林老师，J 公司按期缴纳水土保持补偿费，其申报缴纳时间应如何确定？

林老师解答

J 公司应在期满之日起 15 日内申报缴纳水土保持补偿费。

政策依据

国家税务总局关于水土保持补偿费等政府非税收入项目征管职责划转有关事项的公告

2020 年 12 月 11 日　国家税务总局公告 2020 年第 21 号

三、水土保持补偿费自 2021 年 1 月 1 日起，由缴费人向税务部门自行申报缴纳。……按期缴纳的，在期满之日起 15 日内申报缴纳水土保持补偿费。

第四节　水土保持补偿费的优惠政策

第 81 集

在山区建设小学校区，可以免征水土保持补偿费吗？

扫码看视频

K 公司于 2022 年 7 月在山区建设一所希望小学，该建设项目属于公益性工程项目。

提问：林老师，K 公司在山区建设希望小学，可以免征水土保持补偿费吗？

林老师解答

可以。

政策依据

财政部　国家发展改革委　水利部　中国人民银行关于印发《水土保持补偿费征收使用管理办法》的通知

2014 年 1 月 29 日　财综〔2014〕8 号

水土保持补偿费征收使用管理办法

第十一条　下列情形免征水土保持补偿费：
（一）建设学校……等公益性工程项目的；

> **划重点　消痛点**

根据《水土保持补偿费征收使用管理办法》第十一条第（一）项的规定，可以免征水土保持补偿费的公益性工程项目，除本案例中例举的建设学校外，还包括建设幼儿园、医院、养老服务设施、孤儿院、福利院等。

第82集 农民依法利用农村集体土地新建自用住房，可以免征水土保持补偿费吗？

何先生是一位农民，其于2022年7月在山区依法利用农村集体土地新建自用住房。

提问：林老师，何先生依法利用农村集体土地新建自用住房，可以免征水土保持补偿费吗？

林老师解答

可以。

政策依据

财政部　国家发展改革委　水利部　中国人民银行
关于印发《水土保持补偿费征收使用管理办法》的通知
2014年1月29日　财综〔2014〕8号

水土保持补偿费征收使用管理办法

第十一条　下列情形免征水土保持补偿费：

第九章 水土保持补偿费

> ……
> （二）农民依法利用农村集体土地新建……自用住房的；
> ……

划重点　消痛点

根据《水土保持补偿费征收使用管理办法》第十一条第（二）项的规定，农民依法利用农村集体土地免征水土保持补偿费的情形，除本案例中例举的新建自用住房外，还包括翻建自用住房。

第 83 集
按照相关规划开展农村集中供水工程建设，可以免征水土保持补偿费吗？

扫码看视频

L 公司于 2022 年 7 月按照相关规划在山区开展农村集中供水工程建设。

提问：林老师，L 公司按照相关规划开展农村集中供水工程建设，可以免征水土保持补偿费吗？

林老师解答

可以。

溪发说税之非税收入篇

> **政策依据**
>
> 财政部　国家发展改革委　水利部　中国人民银行
> 关于印发《水土保持补偿费征收使用管理办法》的通知
>
> 2014年1月29日　财综〔2014〕8号
>
> 水土保持补偿费征收使用管理办法
>
> 第十一条　下列情形免征水土保持补偿费：
>
> ……
>
> （三）按照相关规划开展……农村集中供水工程建设的；
>
> ……

划重点　消痛点

根据《水土保持补偿费征收使用管理办法》第十一条第（三）项的规定，按照相关规划开展建设可以免征水土保持补偿费的情形，除本案例中例举的农村集中供水工程建设外，还包括小型农田水利建设、田间土地整治建设。

第84集

建设市政生态环境保护基础设施项目，可以免征水土保持补偿费吗？

扫码看视频

M公司于2022年7月在丘陵区建设市政生态环境保护基础设施项目。

提问：林老师，M公司建设市政生态环境保护基础设施项目，可以免征水土保持补偿费吗？

第九章 水土保持补偿费

林老师解答

可以。

政策依据

财政部 国家发展改革委 水利部 中国人民银行
关于印发《水土保持补偿费征收使用管理办法》的通知
2014年1月29日 财综〔2014〕8号

水土保持补偿费征收使用管理办法

第十一条 下列情形免征水土保持补偿费：

……

（四）建设……市政生态环境保护基础设施项目的；

……

划重点 消痛点

根据《水土保持补偿费征收使用管理办法》第十一条第（四）项的规定，除本案例中例举的建设市政生态环境保护基础设施项目外，建设保障性安居工程项目也可以免征水土保持补偿费。

此外，根据《水土保持补偿费征收使用管理办法》第十一条第（五）项至第（七）项的规定，下列情形也可以免征水土保持补偿费：

1. 建设军事设施的；
2. 按照水土保持规划开展水土流失治理活动的；
3. 法律、行政法规和国务院规定免征水土保持补偿费的其他情形。

第十章 废弃电器电子产品处理基金

第一节 废弃电器电子产品处理基金的征收范围和计费方法

第 85 集

电视机生产企业销售其生产的自主品牌背投电视机，需要缴纳废弃电器电子产品处理基金吗？

扫码看视频

A 公司是一家电视机生产企业，主要从事自主品牌背投电视机的生产与销售业务。

A 公司于 2022 年 8 月在国内销售其生产的自主品牌背投电视机 2000 台。

A 公司所在的地区系废弃电器电子产品处理基金征收地区①。

提问：林老师，A 公司销售其生产的自主品牌背投电视机，需要缴纳废弃电器电子产品处理基金吗？

林老师解答

需要。

① 除另有说明，本章各集案例所列举单位（个人）所在的地区均系废弃电器电子产品处理基金征收地区。

第十章 废弃电器电子产品处理基金

> **政策依据**

废弃电器电子产品回收处理管理条例

2019年3月2日 中华人民共和国国务院令第709号修订

第七条 国家建立废弃电器电子产品处理基金,用于废弃电器电子产品回收处理费用的补贴。电器电子产品生产者……应当按照规定履行废弃电器电子产品处理基金的缴纳义务。

……

第三十五条 本条例自2011年1月1日起施行。

财政部 环境保护部 国家发展改革委 工业和信息化部 海关总署 国家税务总局 关于印发《废弃电器电子产品处理基金征收使用管理办法》的通知

2012年5月21日 财综〔2012〕34号

附件:

废弃电器电子产品处理基金征收使用管理办法

第四条 电器电子产品生产者……应当按照本办法的规定履行基金缴纳义务。

电器电子产品生产者包括自主品牌生产企业……。

……

第六条 纳入基金征收范围的电器电子产品按照《废弃电器电子产品处理目录》(以下简称《目录》)执行,具体征收范围和标准见附件。

……

第三十九条 本办法自2012年7月1日起执行。

附1:

对电器电子产品生产者征收基金的产品范围和征收标准

序号	产品种类	产品范围	征收标准(元/台)
1	电视机	……	……
		背投电视机	13
		……	……

国家税务总局关于发布
《废弃电器电子产品处理基金征收管理规定》的公告

2012年8月20日　国家税务总局公告2012年第41号

废弃电器电子产品处理基金征收管理规定

第二条　中华人民共和国境内电器电子产品的生产者，为基金缴纳义务人，应当按照本规定缴纳基金。

……

第五条　基金缴纳义务人销售应征基金产品时缴纳基金。本规定所称销售，是指通过从购买方取得货物、货币或其他经济利益转让应征基金产品所有权。

……

第十八条　本规定自2012年7月1日起施行。

财政部　国家税务总局
关于进一步明确废弃电器电子产品处理基金征收产品范围的通知

2012年10月15日　财综〔2012〕80号

一、纳入基金征收范围的电视机，是指含有电视调谐器（高频头）的用于接收信号并还原出图像及伴音的终端设备，包括……背投电视机……

国家发展和改革委员会　环境保护部　工业和信息化部
财政部　海关总署　国家税务总局
关于发布《废弃电器电子产品处理目录（2014年版）》的公告

2015年2月9日　国家发展和改革委员会　环境保护部
工业和信息化部　财政部　海关总署　国家税务总局公告2015年第5号
根据《废弃电器电子产品回收处理管理条例》（国务院令第551号）

规定,经国务院批准,现公布《废弃电器电子产品处理目录(2014年版)》,自2016年3月1日起实施。《废弃电器电子产品处理目录(第一批)》同时废止。

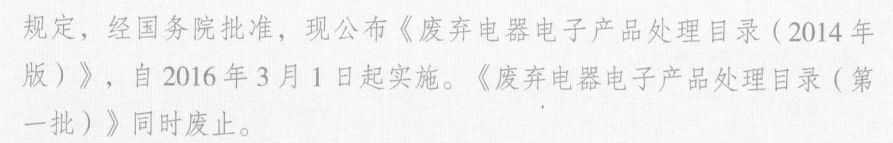

附件:

废弃电器电子产品处理目录(2014年版)

序号	产品名称	产品范围及定义
……	……	……
10	电视机	……背投电视机……

知识链接

1. 什么是废弃电器电子产品的处理活动?

根据《废弃电器电子产品回收处理管理条例》第二条的规定,废弃电器电子产品的处理活动是指将废弃电器电子产品进行拆解,从中提取物质作为原材料或者燃料,用改变废弃电器电子产品物理、化学特性的方法减少已产生的废弃电器电子产品数量,减少或者消除其危害成分,以及将其最终置于符合环境保护要求的填埋场的活动,不包括产品维修、翻新以及经维修、翻新后作为旧货再使用的活动。

2. 什么是废弃电器电子产品处理基金?

根据《废弃电器电子产品处理基金征收使用管理办法》第二条的规定,废弃电器电子产品处理基金是国家为促进废弃电器电子产品回收处理而设立的政府性基金。

第 86 集

电视机生产企业销售其生产的背投电视机,应如何计算缴纳废弃电器电子产品处理基金?

承第 85 集案例。

提问:林老师,A 公司销售其生产的自主品牌背投电视机,应如何计算缴纳废弃电器电子产品处理基金?

林老师解答

A 公司销售其生产的自主品牌背投电视机,其应缴纳的废弃电器电子产品处理基金计算如下:

应缴纳基金
= 销售数量 × 征收标准
= 2000 × 13
= 26000(元)

政策依据

财政部 环境保护部 国家发展改革委
工业和信息化部 海关总署 国家税务总局
关于印发《废弃电器电子产品处理基金征收使用管理办法》的通知
2012 年 5 月 21 日 财综〔2012〕34 号

附件:
废弃电器电子产品处理基金征收使用管理办法
第五条 基金分别按照电器电子产品生产者销售……的电器电子产

品数量定额征收。

国家税务总局关于发布
《废弃电器电子产品处理基金征收管理规定》的公告

2012年8月20日　国家税务总局公告2012年第41号

废弃电器电子产品处理基金征收管理规定

第三条　基金的征收范围、征收标准依照《国内销售电器电子产品基金征收范围和标准》（附件1）执行。

……

第七条　基金缴纳义务人销售……相关电器电子产品，按照从量定额的办法计算应缴纳基金。应缴纳基金的计算公式为：

应缴纳基金＝销售数量（受托加工数量）× 征收标准

……

附件1：

国内销售电器电子产品基金征收范围和标准

序号	产品种类	产品范围	征收标准（元/台）
1	电视机	……	……
		背投电视机	13
		……	……

第 87 集

受托加工生产冷藏冷冻箱，需要缴纳废弃电器电子产品处理基金吗？

B公司是一家冷藏冷冻箱生产企业，主要从事受托加工生产冷藏冷冻箱的业务。

B公司于2022年8月受托加工生产各自装有单独外门的冷藏冷冻箱，按其制冷系统设备的数量计算为1000台。

提问：林老师，B公司受托加工生产冷藏冷冻箱，需要缴纳废弃电器电子产品处理基金吗？

林老师解答

需要。

政策依据

财政部　环境保护部　国家发展改革委
工业和信息化部　海关总署　国家税务总局
关于印发《废弃电器电子产品处理基金征收使用管理办法》的通知
2012年5月21日　财综〔2012〕34号

附件：

废弃电器电子产品处理基金征收使用管理办法

第四条　电器电子产品生产者……应当按照本办法的规定履行基金缴纳义务。

电器电子产品生产者包括……代工生产企业。

第十章 废弃电器电子产品处理基金

国家税务总局关于发布
《废弃电器电子产品处理基金征收管理规定》的公告

2012年8月20日　国家税务总局公告2012年第41号

废弃电器电子产品处理基金征收管理规定

第五条　……

基金缴纳义务人受托加工生产应征基金产品的，不论原料和主要材料由何方提供，不论在财务上是否做销售处理，均由受托方缴纳基金。

财政部　国家税务总局
关于进一步明确废弃电器电子产品处理基金征收产品范围的通知

2012年10月15日　财综〔2012〕80号

二、纳入基金征收范围的电冰箱，是指具有制冷系统、消耗能量以获取冷量的隔热箱体，包括各自装有单独外门的冷藏冷冻箱（柜）……

对上述产品中分体形式的设备，按其制冷系统设备的数量计征基金。……

国家发展和改革委员会　环境保护部　工业和信息化部
　　财政部　海关总署　国家税务总局
关于发布《废弃电器电子产品处理目录（2014年版）》的公告

2015年2月9日　国家发展和改革委员会　环境保护部　工业和信息化部　财政部　海关总署　国家税务总局公告2015年第5号

附件：

废弃电器电子产品处理目录（2014年版）

序号	产品名称	产品范围及定义
1	电冰箱	冷藏冷冻箱（柜）……

第88集 受托加工生产冷藏冷冻箱，应如何计算缴纳废弃电器电子产品处理基金？

承第87集案例。

提问：林老师，B公司受托加工生产冷藏冷冻箱，应如何计算缴纳废弃电器电子产品处理基金？

林老师解答

B公司受托加工生产冷藏冷冻箱，其应缴纳的废弃电器电子产品处理基金计算如下：

应缴纳基金
= 受托加工数量 × 征收标准
= 1000 × 12
= 12000（元）

政策依据

国家税务总局关于发布《废弃电器电子产品处理基金征收管理规定》的公告

2012年8月20日　国家税务总局公告2012年第41号

废弃电器电子产品处理基金征收管理规定

第七条　基金缴纳义务人……受托加工生产相关电器电子产品，按照从量定额的办法计算应缴纳基金。应缴纳基金的计算公式为：

应缴纳基金 = 销售数量（受托加工数量）× 征收标准

第十章 废弃电器电子产品处理基金

附件1：

国内销售电器电子产品基金征收范围和标准

序号	产品种类	产品范围	征收标准（元/台）
……	……	……	……
2	电冰箱	冷藏冷冻箱（柜）	12
		……	……

财政部 环境保护部 国家发展改革委 工业和信息化部 海关总署 国家税务总局关于印发《废弃电器电子产品处理基金征收使用管理办法》的通知

2012年5月21日 财综〔2012〕34号

附件：

废弃电器电子产品处理基金征收使用管理办法

附1：

对电器电子产品生产者征收基金的产品范围和征收标准

序号	产品种类	产品范围	征收标准（元/台）
……	……	……	……
2	电冰箱	冷藏冷冻箱（柜）	12
		……	……

第89集 洗衣机生产企业将其生产的波轮式洗衣机用于赞助，需要缴纳废弃电器电子产品处理基金吗？

C公司是一家洗衣机生产企业，主要从事自主品牌洗衣机的生产与销售业务。

C公司于2022年8月将其生产的波轮式洗衣机（其干衣量≤10kg）20台赞助给甲养老院，并于当月移送给甲养老院使用。

提问：林老师，C公司将其生产的波轮式洗衣机用于赞助，需要缴纳废弃电器电子产品处理基金吗？

林老师解答

需要。

政策依据

国家税务总局关于发布《废弃电器电子产品处理基金征收管理规定》的公告

2012年8月20日 国家税务总局公告2012年第41号

废弃电器电子产品处理基金征收管理规定

第六条 基金缴纳义务人将应征基金产品用于……赞助……等方面，于移送使用时缴纳基金。

第十章 废弃电器电子产品处理基金

财政部　国家税务总局
关于进一步明确废弃电器电子产品处理基金征收产品范围的通知

2012年10月15日　财综〔2012〕80号

三、纳入基金征收范围的洗衣机,是指干衣量≤10kg的依靠机械作用洗涤衣物(含兼有干衣功能)的器具,包括波轮式洗衣机……

国家发展和改革委员会　环境保护部　工业和信息化部
财政部　海关总署　国家税务总局
关于发布《废弃电器电子产品处理目录(2014年版)》的公告

2015年2月9日　国家发展和改革委员会　环境保护部　工业和信息化部　财政部　海关总署　国家税务总局公告2015年第5号

附件:

废弃电器电子产品处理目录(2014年版)

序号	产品名称	产品范围及定义
……	……	……
4	洗衣机	波轮式洗衣机……

划重点　消痛点

根据《废弃电器电子产品处理基金征收管理规定》第六条的规定,废弃电器电子产品处理基金缴纳义务人应于移送使用时缴纳基金的情形,除本案例中例举的将应征基金产品用于赞助外,还包括将应征基金产品用于生产非应征基金产品、在建工程、管理部门、非生产机构、提供劳务、馈赠、集资、广告、样品、职工福利、奖励等方面。

第 90 集
自营进口独立窗式空气调节器，需要缴纳废弃电器电子产品处理基金吗？

D 公司于 2022 年 8 月自营进口 500 台独立窗式空气调节器（装有电扇及调温、调湿装置，包括不能单独调湿的空调器），收货人为 D 公司。

提问：林老师，D 公司自营进口该批独立窗式空气调节器，需要缴纳废弃电器电子产品处理基金吗？

林老师解答

需要。

TAX 政策依据

废弃电器电子产品回收处理管理条例

2019 年 3 月 2 日　中华人民共和国国务院令第 709 号修订

第七条　……进口电器电子产品的收货人……应当按照规定履行废弃电器电子产品处理基金的缴纳义务。

财政部　环境保护部　国家发展改革委
工业和信息化部　海关总署　国家税务总局
关于印发《废弃电器电子产品处理基金征收使用管理办法》的通知

2012年5月21日　财综〔2012〕34号

附件：

废弃电器电子产品处理基金征收使用管理办法

第四条　……进口电器电子产品的收货人……应当按照本办法的规定履行基金缴纳义务。

……

第六条　纳入基金征收范围的电器电子产品按照《废弃电器电子产品处理目录》（以下简称《目录》）执行，具体征收范围和标准见附件。

附1：

对电器电子产品生产者征收基金的产品范围和征收标准

序号	产品种类	产品范围	征收标准（元/台）
……	……	……	……
4	房间空调器	整体式空调（窗机、穿墙机等）	7
		……	……

海关总署关于对进口电器电子产品
征收废弃电器电子产品处理基金的公告

2012年6月26日　海关总署公告2012年第33号

一、对2012年7月1日起申报进口的电器电子产品，收货人……应按照有关规定向海关缴纳基金。

第一批纳入基金征收范围的电器电子产品的具体商品名称、海关商品编号和征收标准详见本公告附件。

附件：

对进口电器电子产品征收基金适用的商品名称、海关商品编号和征收标准

（2012年版）

序号	产品种类	商品名称	海关商品编号	征收标准（元/台）
……	……	……	……	……
4	房间空调器	独立窗式或壁式空气调节器（装有电扇及调温、调湿装置，包括不能单独调湿的空调器）	8415101000	7
		……	……	……

国家发展和改革委员会　环境保护部　工业和信息化部　财政部　海关总署　国家税务总局关于发布《废弃电器电子产品处理目录（2014年版）》的公告

2015年2月9日　国家发展和改革委员会　环境保护部　工业和信息化部　财政部　海关总署　国家税务总局公告2015年第5号

附件：

废弃电器电子产品处理目录（2014年版）

序号	产品名称	产品范围及定义
……	……	……
2	空气调节器	整体式空调器（窗式、穿墙式等）……

第十章 废弃电器电子产品处理基金

第 91 集
自营进口独立窗式空气调节器，应如何计算缴纳废弃电器电子产品处理基金？

承第 90 集案例。

提问：林老师，D 公司自营进口该批独立窗式空气调节器，应如何计算缴纳废弃电器电子产品处理基金？

林老师解答

D 公司自营进口该批独立窗式空气调节器，其应缴纳的废弃电器电子产品处理基金计算如下：

应缴纳基金
= 进口的电器电子产品数量 × 征收标准
= 500 × 7
= 3500（元）

TAX 政策依据

财政部　环境保护部　国家发展改革委
工业和信息化部　海关总署　国家税务总局
关于印发《废弃电器电子产品处理基金征收使用管理办法》的通知
2012 年 5 月 21 日　财综〔2012〕34 号

附件：
废弃电器电子产品处理基金征收使用管理办法

第五条　基金分别按照……进口电器电子产品的收货人……进口的电器电子产品数量定额征收。

第二节　废弃电器电子产品处理基金的征收管理

第 92 集

计算机生产企业销售其生产的平板电脑，应向哪个部门申报缴纳废弃电器电子产品处理基金？

扫码看视频

E 公司是一家计算机生产企业，主要从事自主品牌平板电脑的生产与销售业务。

E 公司于 2022 年 8 月采取分期收款结算方式在国内销售其生产的自主品牌平板电脑，需要缴纳废弃电器电子产品处理基金。

提问：林老师，E 公司应向哪个部门申报缴纳废弃电器电子产品处理基金？

林老师解答

E 公司应向其主管税务机关申报缴纳废弃电器电子产品处理基金。

第十章 废弃电器电子产品处理基金

> **[TAX 政策依据]**

财政部　环境保护部　国家发展改革委　工业和信息化部　海关总署　国家税务总局关于印发《废弃电器电子产品处理基金征收使用管理办法》的通知

2012年5月21日　财综〔2012〕34号

附件：

废弃电器电子产品处理基金征收使用管理办法

第八条　电器电子产品生产者应缴纳的基金，由国家税务局负责征收。……

国家税务总局关于发布《废弃电器电子产品处理基金征收管理规定》的公告

2012年8月20日　国家税务总局公告2012年第41号

废弃电器电子产品处理基金征收管理规定

第四条　基金由国家税务局负责征收。[①]

基金缴纳义务人向其主管税务机关申报缴纳基金。

财政部　国家税务总局关于进一步明确废弃电器电子产品处理基金征收产品范围的通知

2012年10月15日　财综〔2012〕80号

五、纳入基金征收范围的微型计算机，是指……便携式微型计算机（含……平板电脑……）……

[①] 根据《国家税务总局关于修改部分税收规范性文件的公告》（国家税务总局公告2018年第31号），该规定中的"国家税务局"改为"税务局"。

国家发展和改革委员会 环境保护部 工业和信息化部 财政部 海关总署 国家税务总局 关于发布《废弃电器电子产品处理目录（2014年版）》的公告

2015年2月9日 国家发展和改革委员会 环境保护部 工业和信息化部 财政部 海关总署 国家税务总局公告2015年第5号

附件：

废弃电器电子产品处理目录（2014年版）

序号	产品名称	产品范围及定义
……	……	……
12	微型计算机	……便携式微型计算机（含平板电脑……）等信息事务处理实体。

第93集 计算机生产企业销售其生产的平板电脑，其废弃电器电子产品处理基金的缴纳义务发生时间应如何确定？

承第92集案例。

提问：林老师，E公司销售其生产的平板电脑，签订的书面合同已约定了收款日期，其废弃电器电子产品处理基金的缴纳义务发生时间应如何确定？

第十章 废弃电器电子产品处理基金

林老师解答

E公司采取分期收款结算方式销售其生产的平板电脑，其废弃电器电子产品处理基金的缴纳义务发生时间为书面合同约定的收款日期的当天。

TAX 政策依据

国家税务总局关于发布
《废弃电器电子产品处理基金征收管理规定》的公告

2012年8月20日　国家税务总局公告2012年第41号

废弃电器电子产品处理基金征收管理规定

第八条　基金缴纳义务的发生时间按照如下要求确定：

（一）基金缴纳义务人销售电器电子产品的，按不同的销售结算方式分别为：

1.采取赊销和分期收款结算方式的，为书面合同约定的收款日期的当天……

划重点　消痛点

根据《废弃电器电子产品处理基金征收管理规定》第八条的规定，废弃电器电子产品处理基金缴纳义务发生时间的确定，除本案例中例举的情形外，还包括以下情形：

1.基金缴纳义务人销售电器电子产品的，按不同的销售结算方式分别为：

（1）采取赊销和分期收款结算方式的，书面合同没有约定收款日期或者无书面合同的，为发出电器电子产品的当天；

（2）采取预收货款结算方式的，为发出电器电子产品的当天；

（3）采取托收承付和委托银行收款方式的，为发出电器电子产品并办妥托收手续的当天；

（4）采取其他结算方式的，为收讫销售款或者取得索取销售款凭据的当天。

2. 受托加工应征基金产品，基金缴纳义务人只收取加工费的，为委托方提货的当天。

3. 基金缴纳义务人将应征基金产品用于生产非应征基金产品、在建工程、管理部门、非生产机构、提供劳务、馈赠、赞助、集资、广告、样品、职工福利、奖励等方面，为移送使用的当天。

4. 基金缴纳义务人以委托代销方式销售应征基金产品的，为收到代销单位的代销清单或者收到全部或者部分货款的当天。未收到代销清单及货款的，为发出应征基金产品满 180 天的当天。

第 94 集 已实际缴纳的废弃电器电子产品处理基金，可以在企业所得税税前扣除吗？

F 公司是一家电器电子产品生产企业，于 2022 年 7 月申报缴纳废弃电器电子产品处理基金。

提问：林老师，F 公司已实际缴纳的废弃电器电子产品处理基金，可以在企业所得税税前扣除吗？

林老师解答

可以。

第十章 废弃电器电子产品处理基金

政策依据

财政部　环境保护部　国家发展改革委　工业和信息化部　海关总署　国家税务总局关于印发《废弃电器电子产品处理基金征收使用管理办法》的通知

2012年5月21日　财综〔2012〕34号

附件：

废弃电器电子产品处理基金征收使用管理办法

第十六条　电器电子产品生产者、进口电器电子产品的收货人或者其代理人缴纳的基金计入生产经营成本，准予在计算应纳税所得额时扣除。

第95集 自营进口专用于车载导航仪的液晶监视器，应向哪个部门申报缴纳废弃电器电子产品处理基金？

G公司于2022年8月自营进口一批专用于车载导航仪的液晶监视器，收货人为G公司，G公司需要缴纳废弃电器电子产品处理基金。

提问： 林老师，G公司自营进口专用于车载导航仪的液晶监视器，应向哪个部门申报缴纳废弃电器电子产品处理基金？

林老师解答

G公司应向海关申报缴纳废弃电器电子产品处理基金。

溪发说税之非税收入篇

> **政策依据**

财政部　环境保护部　国家发展改革委　工业和信息化部　海关总署　国家税务总局关于印发《废弃电器电子产品处理基金征收使用管理办法》的通知

2012年5月21日　财综〔2012〕34号

附件：

废弃电器电子产品处理基金征收使用管理办法

第八条　……进口电器电子产品的收货人或者其代理人应缴纳的基金，由海关负责征收。

海关总署关于对进口电器电子产品征收废弃电器电子产品处理基金的公告

2012年6月26日　海关总署公告2012年第33号

一、对2012年7月1日起申报进口的电器电子产品，收货人……应按照有关规定向海关缴纳基金。

第一批纳入基金征收范围的电器电子产品的具体商品名称、海关商品编号和征收标准详见本公告附件。

附件：

对进口电器电子产品征收基金适用的商品名称、海关商品编号和征收标准

（2012年版）

序号	产品种类	商品名称	海关商品编号	征收标准（元/台）
……	……	……	……	……
5	微型计算机	……	……	……
		专用于车载导航仪的液晶监视器	8528591001	10
		……	……	……

第十章 废弃电器电子产品处理基金

第 96 集
自营进口专用于车载导航仪的液晶监视器，应于何时申报缴纳废弃电器电子产品处理基金？

承第 95 集案例。

提问：林老师，G 公司自营进口该批专用于车载导航仪的液晶监视器，应于何时申报缴纳废弃电器电子产品处理基金？

林老师解答

G 公司应在该批专用于车载导航仪的液晶监视器申报进口时，申报缴纳废弃电器电子产品处理基金。

政策依据

> 财政部　环境保护部　国家发展改革委
> 工业和信息化部　海关总署　国家税务总局
> 关于印发《废弃电器电子产品处理基金征收使用管理办法》的通知
>
> 2012 年 5 月 21 日　财综〔2012〕34 号
>
> 附件：
> 废弃电器电子产品处理基金征收使用管理办法
>
> 第十条　进口电器电子产品的收货人……在货物申报进口时缴纳基金。

第三节　废弃电器电子产品处理基金的优惠政策

第 97 集

电冰箱生产企业进口半导体制冷式家用型冷藏箱已缴纳废弃电器电子产品处理基金，国内销售环节可以免征废弃电器电子产品处理基金吗？

H 公司是一家电冰箱生产企业，其于 2022 年 7 月自营进口一批半导体制冷式家用型冷藏箱，进口时已向海关申报缴纳了废弃电器电子产品处理基金。

H 公司于 2022 年 8 月将该批半导体制冷式家用型冷藏箱用于国内销售。

提问：林老师，H 公司在国内销售该批进口的半导体制冷式家用型冷藏箱时，可以免征废弃电器电子产品处理基金吗？

林老师解答

可以。

政策依据

财政部　环境保护部　国家发展改革委
工业和信息化部　海关总署　国家税务总局
关于印发《废弃电器电子产品处理基金征收使用管理办法》的通知
2012 年 5 月 21 日　财综〔2012〕34 号

附件：
废弃电器电子产品处理基金征收使用管理办法
第十三条　电器电子产品生产者进口电器电子产品已缴纳基金的，

第十章　废弃电器电子产品处理基金

> 国内销售时免征基金……

海关总署关于对进口电器电子产品征收废弃电器电子产品处理基金的公告

2012年6月26日　海关总署公告2012年第33号

附件：

对进口电器电子产品征收基金适用的商品名称、海关商品编号和征收标准（2012年版）

序号	产品种类	商品名称	海关商品编号	征收标准（元/台）
……	……	……	……	……
2	电冰箱	……	……	……
		半导体制冷式家用型冷藏箱	8418291000	12
		……	……	……

划重点　消痛点

根据《废弃电器电子产品处理基金征收使用管理办法》第十三条的规定，本案例中，H公司在国内销售其进口的已缴纳基金的电器电子产品免征废弃电器电子产品处理基金，应依据《中华人民共和国海关进口货物报关单》和《进口废弃电器电子产品处理基金缴款书》列明的进口产品名称和数量，向其主管税务机关申请从应缴纳基金的产品销售数量中扣除。

溪发说税之 非税收入篇

扫码看视频

第 98 集

进境旅客所携带行李物品，需要缴纳废弃电器电子产品处理基金吗？

朱先生是一名旅客，其于 2022 年 8 月携带行李物品进境。

提问：林老师，朱先生携带行李物品进境，需要缴纳废弃电器电子产品处理基金吗？

林老师解答

不需要。

TAX 政策依据

海关总署关于对进口电器电子产品征收废弃电器电子产品处理基金的公告

2012 年 6 月 26 日　海关总署公告 2012 年第 33 号

一、……

……进境旅客所携行李物品不缴纳基金。

划重点　消痛点

根据海关总署公告 2012 年第 33 号第一条第三款的规定，进境邮递物品也不需要缴纳废弃电器电子产品处理基金。

第十章　废弃电器电子产品处理基金

第 99 集
企业以进境修理方式进口电器电子产品，在申报进境时需要缴纳废弃电器电子产品处理基金吗？

I 公司于 2022 年 8 月以进境修理方式进口一批电器电子产品。

提问：林老师，I 公司进口该批电器电子产品，在申报进境时需要缴纳废弃电器电子产品处理基金吗？

林老师解答

不需要。

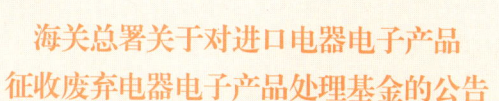

TAX 政策依据

海关总署关于对进口电器电子产品征收废弃电器电子产品处理基金的公告

2012 年 6 月 26 日　海关总署公告 2012 年第 33 号

二、以……进境修理……等方式进口的电器电子产品申报进境时，海关不征收基金。……

划重点　消痛点

根据海关总署公告 2012 年第 33 号第二条第一款的规定，电器电子产品在申报进境时，海关不征收废弃电器电子产品处理基金的进口方式，除本案例中例举的进境修理方式外，还包括加工贸易、租赁、暂时进出口等方式。同时，该文件第二条第一款还规定，如上述产品内销、为国内留购或未能在规定期限内复运出境，海关应在办理货物征免税手续的同时，征收废弃电器电子产品处理基金。

第 100 集
企业受托进料加工复出口电器电子产品，可以免征废弃电器电子产品处理基金吗？

J公司是一家电器电子产品生产企业，其于2022年7月受乙外贸公司委托加工一批电器电子产品，海关贸易方式为"进料加工"，该批电器电子产品加工完成后由乙外贸公司收回复出口。

该"进料加工"贸易方式同时符合以下条件：

1. 乙外贸公司拥有加工贸易业务批准证。

2. J公司提供与乙外贸公司签订的加工贸易合同备案委托书、协议书等证明业务真实发生的资料。

3. 乙外贸公司进料加工手（账）册注明的加工单位是J公司。

4. J公司向乙外贸公司开具增值税专用发票收取加工费（含辅料费等相关费用）。

5. 原材料进口报关单上注明收货单位为J公司。

6. 乙外贸公司出口电器电子产品，出口报关单备案号栏中载明的加工手（账）册号与本款第三项中加工手（账）册号一致，且注明发货单位为J公司。

提问：林老师，J公司受托生产该批电器电子产品，可以免征废弃电器电子产品处理基金吗？

林老师解答

可以。

政策依据

财政部关于进(来)料受托加工复出口免征废弃电器电子产品处理基金有关问题的公告

2014年5月12日 财政部公告2014年第29号

一、基金缴纳义务人(以下称受托方)受外贸公司(以下称委托方)委托加工电器电子产品,其海关贸易方式为"进料加工"……且由委托方收回后复出口的,免征基金。

二、海关贸易方式为"进料加工"的,受托方受托加工业务免征基金,应当同时符合以下条件:

(一)委托方拥有加工贸易业务批准证(已取消商务主管部门加工贸易业务批准证的省份除外)。

(二)受托方提供与委托方签订的加工贸易合同备案委托书、协议书等证明业务真实发生的资料。

(三)委托方进料加工手(账)册注明的加工单位是该受托方。

(四)受托方向委托方开具增值税专用发票收取加工费(含辅料费等相关费用)。

(五)原材料进口报关单上注明收货单位为该受托方。

(六)委托方出口电器电子产品,出口报关单备案号栏中载明的加工手(账)册号与本款第三项中加工手(账)册号一致,且注明发货单位为该受托方。

……

六、本公告自2014年6月1日起施行。

> **划重点　消痛点**

本案例中，假定 J 公司该受托加工业务的海关贸易方式为"来料加工"且 J 公司已取得委托方乙外贸公司主管税务机关出具的《来料加工免税证明》，则根据财政部公告 2014 年第 29 号第一条、第二条第二款的规定，J 公司受托生产该批电器电子产品，也可以免征废弃电器电子产品处理基金。

本案例中，再假定 J 公司受托加工该批电器电子产品，委托方乙外贸公司收回后未能复出口，则根据财政部公告 2014 年第 29 号第四条的规定，将由海关在办理内销征税时一并补征废弃电器电子产品处理基金。

第 101 集
进入海关特殊监管区域的电器电子产品，需要缴纳废弃电器电子产品处理基金吗？

K 公司于 2022 年 8 月进口一批电气吸收式家用型冷藏箱，该批产品运进海关特殊监管区域。

提问： 林老师，K 公司进入海关特殊监管区域的该批电气吸收式家用型冷藏箱，需要缴纳废弃电器电子产品处理基金吗？

> **林老师解答**

不需要。

第十章 废弃电器电子产品处理基金

> **TAX 政策依据**
>
> **海关总署关于对进口电器电子产品**
> **征收废弃电器电子产品处理基金的公告**
>
> 2012 年 6 月 26 日　海关总署公告 2012 年第 33 号
>
> 二、……
> 进入海关特殊监管区域的电器电子产品，海关不征收基金……
> 附件：
>
> 对进口电器电子产品征收基金适用的商品名称、海关商品编号和征收标准
> （2012 年版）
>
> | 序号 | 产品种类 | 商品名称 | 海关商品编号 | 征收标准（元/台） |
> |---|---|---|---|---|
> | …… | …… | …… | …… | …… |
> | 2 | 电冰箱 | …… | …… | …… |
> | | | 电气吸收式家用型冷藏箱 | 8418292000 | 12 |
> | | | …… | …… | …… |

划重点　消痛点

本案例中，假定 K 公司进入海关特殊监管区域的该批电气吸收式家用型冷藏箱于 2022 年 9 月申报出区内销，则根据海关总署公告 2012 年第 33 号第二条第二款的规定，海关应在办理征免税手续的同时，征收废弃电器电子产品处理基金。

第 102 集

使用环保材料生产的电器电子产品，可以减征废弃电器电子产品处理基金吗？

L公司于2022年8月在国内销售一批使用环保材料生产的电器电子产品。

提问：林老师，L公司销售该批电器电子产品，可以减征废弃电器电子产品处理基金吗？

林老师解答

可以。

政策依据

财政部　环境保护部　国家发展改革委
工业和信息化部　海关总署　国家税务总局
关于印发《废弃电器电子产品处理基金征收使用管理办法》的通知
2012年5月21日　财综〔2012〕34号

附件：
废弃电器电子产品处理基金征收使用管理办法
第十一条　对采用有利于资源综合利用和无害化处理的设计方案以及使用环保和便于回收利用材料生产的电器电子产品，可以减征基金……

第十章 废弃电器电子产品处理基金

第 103 集
吸油烟机生产企业生产用于出口的欧式塔型吸排油烟机，可以免征废弃电器电子产品处理基金吗？

扫码看视频

M 公司是一家吸油烟机生产企业，主要从事自主品牌欧式塔型吸排油烟机的生产与销售业务。

M 公司于 2022 年 8 月将其生产的一批自主品牌欧式塔型吸排油烟机用于出口销售。

提问：林老师，M 公司生产用于出口的该批欧式塔型吸排油烟机，可以免征废弃电器电子产品处理基金吗？

林老师解答

可以。

TAX 政策依据

财政部　环境保护部　国家发展改革委
工业和信息化部　海关总署　国家税务总局
关于印发《废弃电器电子产品处理基金征收使用管理办法》的通知

2012 年 5 月 21 日　财综〔2012〕34 号

附件：
废弃电器电子产品处理基金征收使用管理办法

第十二条　电器电子产品生产者生产用于出口的电器电子产品免征基金……

国家税务总局关于发布
《废弃电器电子产品处理基金征收管理规定》的公告

2012年8月20日　国家税务总局公告2012年第41号

废弃电器电子产品处理基金征收管理规定

第九条　基金缴纳义务人出口电器电子产品，免征基金。

国家发展和改革委员会　环境保护部　工业和信息化部
财政部　海关总署　国家税务总局
关于发布《废弃电器电子产品处理目录（2014年版）》的公告

2015年2月9日　国家发展和改革委员会　环境保护部　工业和信息化部　财政部　海关总署　国家税务总局公告2015年第5号

附件：

废弃电器电子产品处理目录（2014年版）

序号	产品名称	产品范围及定义
……	……	……
3	吸油烟机	……欧式塔型吸排油烟机……

划重点　消痛点

根据《废弃电器电子产品处理基金征收使用管理办法》第十二条的规定，本案例中，M公司出口该批欧式塔型吸排油烟机免征废弃电器电子产品处理基金，应依据《中华人民共和国海关出口货物报关单》列明的出口产品名称和数量，向其主管税务机关申请从应缴纳基金的产品销售数量中扣除。

第十章 废弃电器电子产品处理基金

第 104 集

电器电子产品生产企业购进已缴纳废弃电器电子产品处理基金的电器电子产品，可以从应征基金产品销售数量中扣除吗？

N公司是一家电器电子产品生产企业，其于2022年7月购进一批已缴纳废弃电器电子产品处理基金的液晶监视器，用于生产电器电子产品。

2022年8月，N公司在国内销售其生产的电器电子产品。

N公司可以准确核算购进的已缴纳基金的液晶监视器数量。

提问： 林老师，N公司购进的该批液晶监视器已缴纳废弃电器电子产品处理基金，可以从其应征基金产品销售数量中扣除吗？

林老师解答

可以。

政策依据

国家税务总局关于发布《废弃电器电子产品处理基金征收管理规定》的公告

2012年8月20日　国家税务总局公告2012年第41号

废弃电器电子产品处理基金征收管理规定

第十条　基金缴纳义务人购进……电器电子产品已缴纳基金的，从应征基金产品销售数量中扣除；不足扣除部分，可留待下期继续扣除。

第十一条　基金缴纳义务人应当准确核算购进……的已缴纳基金的电器电子产品数量，……

国家发展和改革委员会　环境保护部　工业和信息化部
财政部　海关总署　国家税务总局
关于发布《废弃电器电子产品处理目录（2014年版）》的公告

2015年2月9日　国家发展和改革委员会　环境保护部　工业和信息化部　财政部　海关总署　国家税务总局公告2015年第5号

附件：

废弃电器电子产品处理目录（2014年版）

序号	产品名称	产品范围及定义
……	……	……
11	监视器	阴极射线管（黑白、彩色）监视器、液晶监视器等由显示器件为核心组成的图像输出设备（不含高频头）。

划重点　消痛点

本案例中，假定N公司无法准确核算购进的已缴纳基金的液晶监视器数量，则根据《废弃电器电子产品处理基金征收管理规定》第十一条的规定，N公司按实际销售数量缴纳废弃电器电子产品处理基金。

第十章 废弃电器电子产品处理基金

第 105 集
已缴纳基金的电器电子产品发生销货退回，可以在当期申报中扣除吗？

P公司是一家电器电子产品生产企业，其于2022年1月在国内销售一批电器电子产品，已按规定申报缴纳了废弃电器电子产品处理基金。

2022年8月，该批电器电子产品因质量原因发生销货退回。

提问： 林老师，P公司已缴纳基金的电器电子产品发生销货退回，可以在当期申报中扣除吗？

林老师解答

可以。

TAX 政策依据

国家税务总局关于发布
《废弃电器电子产品处理基金征收管理规定》的公告

2012年8月20日　国家税务总局公告2012年第41号

废弃电器电子产品处理基金征收管理规定

第十二条　基金缴纳义务人已缴纳基金的电器电子产品发生销货退回的，准予在当期申报中扣除，不足扣除部分，可留待下期继续扣除。

知识链接

1. 废弃电器电子产品处理目录（2014年版）

根据《国家发展和改革委员会 环境保护部 工业和信息化部 财政部 海关总署 国家税务总局关于发布〈废弃电器电子产品处理目录（2014年版）〉的公告》（国家发展和改革委员会 环境保护部 工业和信息化部 财政部 海关总署 国家税务总局公告2015年第5号），自2016年3月1日起，废弃电器电子产品处理目录详见表10-1。

表10-1　废弃电器电子产品处理目录（2014年版）

序号	产品名称	产品范围及定义
1	电冰箱	冷藏冷冻箱（柜）、冷冻箱（柜）、冷藏箱（柜）及其他具有制冷系统，消耗能量以获取冷量的隔热箱体（容积≤800升）
2	空气调节器	整体式空调器（窗式、穿墙式等）、分体式空调器（挂壁式、落地式等）、一拖多空调器等制冷量在14000W及以下（一拖多空调时，按室外机制冷量计算）的房间空气调节器具
3	吸油烟机	深型吸排油烟机、欧式塔型吸排油烟机、侧吸式吸排油烟机和其他安装在炉灶上部，用于收集、处理被污染空气的电动器具
4	洗衣机	波轮式洗衣机、滚筒式洗衣机、搅拌式洗衣机、脱水机及其他依靠机械作用洗涤衣物（含兼有干衣功能）的器具（干衣量≤10公斤）
5	电热水器	储水式电热水器、快热式电热水器和其他将电能转换为热能，并将热能传递给水，使水产生一定温度的器具（容量≤500升）
6	燃气热水器	以燃气作为燃料，通过燃烧加热方式将热量传递到流经热交换器的冷水中以达到制备热水目的的一种燃气用具（热负荷≤70kW）

续表

序号	产品名称	产品范围及定义
7	打印机	激光打印机、喷墨打印机、针式打印机、热敏打印机和其他与计算机联机工作或利用云打印平台，将数字信息转换成文字和图像并以硬拷贝形式输出的设备，包括以打印功能为主，兼有其他功能设备（印刷幅面<A2，印刷速度≤80张/分钟）
8	复印机	静电复印机、喷墨复印机和其他用各种不同成像过程产生原稿复印品的设备，包括以复印功能为主，兼有其他功能的设备（印刷幅面<A2，印刷速度≤80张/分钟）
9	传真机	利用扫描和光电变换技术，把文字、图表、相片等静止图像变换成电信号发送出去，接收时以记录形式获取复制稿的通信终端设备，包括以传真功能为主，兼有其他功能的设备
10	电视机	阴极射线管（黑白、彩色）电视机、等离子电视机、液晶电视机、OLED电视机、背投电视机、移动电视接收终端及其他含有电视调谐器（高频头）的用于接收信号并还原出图像及伴音的终端设备
11	监视器	阴极射线管（黑白、彩色）监视器、液晶监视器等由显示器件为核心组成的图像输出设备（不含高频头）
12	微型计算机	台式微型计算机（含一体机）和便携式微型计算机（含平板电脑、掌上电脑）等信息事务处理实体
13	移动通信手持机	GSM手持机、CDMA手持机、SCDMA手持机、3G手持机、4G手持机、小灵通等手持式的，通过蜂窝网络的电磁波发送或接收两地讲话或其他声音、图像、数据的设备
14	电话单机	PSTN普通电话机、网络电话机（IP电话机）、特种电话机和其他通信中实现声能与电能相互转换的用户设备

2. 国内销售电器电子产品基金征收范围和标准

根据《废弃电器电子产品处理基金征收管理规定》第三条的规定，自2012年7月1日起，国内销售电器电子产品基金征收范围和标准详见表10-2。

表 10-2　　国内销售电器电子产品基金征收范围和标准

序号	产品种类	产品范围	征收标准（元/台）
1	电视机	阴极射线管（黑白、彩色）电视机	13
		液晶电视机	13
		等离子电视机	13
		背投电视机	13
		其他用于接收信号并还原出图像及伴音的终端设备	13
2	电冰箱	冷藏冷冻箱（柜）	12
		冷藏箱（柜）	12
		冷冻箱（柜）	12
		其他具有制冷系统、消耗能量以获取冷量的隔热箱体	12
3	洗衣机	波轮式洗衣机	7
		滚筒式洗衣机	7
		搅拌式洗衣机	7
		脱水机	7
		其他依靠机械作用洗涤衣物（含兼有干衣功能）的器具	7
4	房间空调器	整体式空调（窗机、穿墙机等）	7
		分体式空调（分体壁挂、分体柜机等）	7
		一拖多空调器	7
		其他制冷量在14000W及以下的房间空气调节器具	7
5	微型计算机	台式微型计算机的显示器	10
		主机、显示器一体形式的台式微型计算机	10
		便携式微型计算机（含平板电脑、掌上电脑）	10
		其他信息事务处理实体	10

第十章 废弃电器电子产品处理基金

注：对电器电子产品生产者销售台式微型计算机整机不征收基金，但台式微型计算机显示器生产者将其生产的显示器组装成计算机整机销售的除外。对台式微型计算机显示器生产者组装的计算机整机按照10元/台的标准征收基金。

根据《财政部 国家税务总局关于进一步明确废弃电器电子产品处理基金征收产品范围的通知》（财综〔2012〕80号），自2012年7月1日起，对电器电子产品生产者征收废弃电器电子产品处理基金（以下简称基金）的产品范围如下：

（1）纳入基金征收范围的电视机，是指含有电视调谐器（高频头）的用于接收信号并还原出图像及伴音的终端设备，包括阴极射线管（黑白、彩色）电视机、液晶电视机、等离子电视机、背投电视机以及其他用于接收信号并还原出图像及伴音的终端设备。

（2）纳入基金征收范围的电冰箱，是指具有制冷系统、消耗能量以获取冷量的隔热箱体，包括各自装有单独外门的冷藏冷冻箱（柜）、容积≤500升的冷藏箱（柜）、制冷温度>-40℃且容积≤500升的冷冻箱（柜），以及其他具有制冷系统、消耗能量以获取冷量的隔热箱体。

对上述产品中分体形式的设备，按其制冷系统设备的数量计征基金。对自动售货机、容积<50升的车载冰箱以及不具有制冷系统的柜体，不征收基金。

（3）纳入基金征收范围的洗衣机，是指干衣量≤10kg的依靠机械作用洗涤衣物（含兼有干衣功能）的器具，包括波轮式洗衣机、滚筒式洗衣机、搅拌式洗衣机、脱水机以及其他依靠机械作用洗涤衣物（含兼有干衣功能）的器具。

（4）纳入基金征收范围的房间空调器，是指制冷量≤14000W（12046大卡/时）的房间空气调节器具，包括整体式空调（窗机、穿墙机、移动式等）、分体形式空调（分体壁挂、分体柜机、一拖多、单元式空调器等）以及其他房间空气调节器。

对分体形式空调器，按室外机的数量计征基金。对不具有制冷系统的空气调节器，不征收基金。

（5）纳入基金征收范围的微型计算机，是指接口类型仅包括VGA（模拟信号接口）、DVI（数字视频接口）或HDMI（高清晰多媒体接口）的台式微型计算机的显示器、主机和显示器一体形式的台式微型计算机、便携式微型计算机（含笔记本电脑、平板电脑、掌上电脑）以及其他信息事务处理实体。

3. 对进口电器电子产品征收基金适用的商品名称、海关商品编号和征收标准

根据海关总署公告2012年第33号第一条第一款、第二款的规定，自2012年7月1日起，第一批纳入基金征收范围的电器电子产品的具体商品名称、海关商品编号和征收标准详见表10-3。

表10-3　对进口电器电子产品征收基金适用的商品名称、海关商品编号和征收标准（2012年版）

序号	产品种类	商品名称	海关商品编号	征收标准（元/台）
1	电视机	其他彩色的模拟电视接收机，带阴极射线显像管的	8528721100	13
		其他彩色的数字电视接收机，阴极射线显像管的	8528721200	13
		其他彩色的电视接收机，阴极射线显像管的	8528721900	13
		彩色的液晶显示器的模拟电视接收机	8528722100	13
		彩色的液晶显示器的数字电视接收机	8528722200	13
		其他彩色的液晶显示器的电视接收机	8528722900	13
		彩色的等离子显示器的模拟电视接收机	8528723100	13

续表

序号	产品种类	商品名称	海关商品编号	征收标准（元/台）
1	电视机	彩色的等离子显示器的数字电视接收机	8528723200	13
		其他彩色的等离子显示器的电视接收机	8528723900	13
		其他彩色的模拟电视接收机	8528729100	13
		其他彩色的数字电视接收机	8528729200	13
		其他彩色的电视接收机	8528729900	13
		黑白或其他单色的电视接收机	8528730000	13
2	电冰箱	容积>500升冷藏—冷冻组合机（各自装有单独外门的）	8418101000	12
		200升<容积≤500升冷藏—冷冻组合机（各自装有单独外门的）	8418102000	12
		容积≤200升冷藏—冷冻组合机（各自装有单独外门的）	8418103000	12
		容积>150升压缩式家用型冷藏箱	8418211000	12
		压缩式家用型冷藏箱（50升<容积≤150升）	8418212000	12
		容积≤50升压缩式家用型冷藏箱	8418213000	12
		半导体制冷式家用型冷藏箱	8418291000	12
		电气吸收式家用型冷藏箱	8418292000	12
		其他家用型冷藏箱	8418299000	12
		制冷温度>-40℃小的其他柜式冷冻箱（小的指容积≤500升）	8418302900	12

续表

序号	产品种类	商品名称	海关商品编号	征收标准（元/台）
2	电冰箱	制冷温度>-40℃小的立式冷冻箱（小的指容积≤500升）	8418402900	12
3	洗衣机	干衣量≤10kg全自动波轮式洗衣机	8450111000	7
		干衣量≤10kg全自动滚筒式洗衣机	8450112000	7
		其他干衣量≤10kg全自动洗衣机	8450119000	7
		装有离心甩干机的非全自动洗衣机（干衣量≤10kg）	8450120000	7
		干衣量≤10kg的其他洗衣机	8450190000	7
4	房间空调器	独立窗式或壁式空气调节器（装有电扇及调温、调湿装置，包括不能单独调湿的空调器）	8415101000	7
		制冷量≤4000大卡/时分体式空调，窗式或壁式（装有电扇及调温、调湿装置，包括不能单独调湿的空调器）	8415102100	7
		4000大卡/时<制冷量≤12046大卡/时（14000W）分体式空调，窗式或壁式（装有电扇及调温、调湿装置，包括不能单独调湿的空调器）	8415102201	7
		其他制冷量大于4000大卡/时的分体式空调，窗式或壁式（装有电扇及调温、调湿装置，包括不能单独调湿的空调器）	8415102290	7
		制冷量≤4000大卡/时热泵式空调器（装有制冷装置及一个冷热循环换向阀的）	8415811000	7

续表

序号	产品种类	商品名称	海关商品编号	征收标准（元/台）
4	房间空调器	4000大卡/时＜制冷量≤12046大卡/时（14000W）热泵式空调器（装有制冷装置及一个冷热循环换向阀的）	8415812001	7
		其他制冷量大于4000大卡/时的热泵式空调器（装有制冷装置及一个冷热循环换向阀的）	8415812090	
		制冷量≤4000大卡/时的其他空调器（仅装有制冷装置，而无冷热循环装置的）	8415821000	7
		4000大卡/时＜制冷量≤12046大卡/时（14000W）的其他空调（仅装有制冷装置，而无冷热循环装置的）	8415822001	7
		其他制冷量大于4000大卡/时的其他空调（仅装有制冷装置，而无冷热循环装置的）	8415822090	
5	微型计算机	便携式自动数据处理设备（重量≤10kg，至少由一个中央处理器、键盘和显示器组成）	8471300000	10
		微型机	8471414000	10
		以系统形式报验的微型机	8471494000	10
		含显示器和主机的微型机	8471504001	10
		其他的微型机的处理部件	8471504090	
		专用或主要用于84.71商品的阴极射线管监视器	8528410000	10
		专用或主要用于84.71商品的液晶监视器	8528511000	10

续表

序号	产品种类	商品名称	海关商品编号	征收标准（元/台）
5	微型计算机	其他专用或主要用于84.71商品的监视器	8528519000	10
		专用于车载导航仪的液晶监视器	8528591001	10
		其他彩色的监视器	8528591090	10
		其他单色的监视器	8528599000	10

第十一章 可再生能源发展基金

第一节 可再生能源发展基金的征收范围和计费方法

第 106 集

食品生产企业生产经营用电，需要缴纳可再生能源电价附加吗？

甲公司是一家食品生产企业，其于 2022 年 8 月因生产经营需要向当地电网企业购电 3000 千瓦时。

甲公司所在的地区系可再生能源电价附加征收地区。[①]

提问： 林老师，甲公司生产经营用电，需要缴纳可再生能源电价附加吗？

林老师解答

需要。

① 除另有说明，本章各集案例所列举单位（个人）所在的地区均系可再生能源发展基金征收地区。

> **TAX 政策依据**
>
> 财政部 国家发展改革委 国家能源局
> 关于印发《可再生能源发展基金征收使用管理暂行办法》的通知
>
> 2011年11月29日 财综〔2011〕115号
>
> 附件：
>
> 可再生能源发展基金征收使用管理暂行办法
>
> 第五条 可再生能源电价附加在除西藏自治区以外的全国范围内，对各省、自治区、直辖市扣除农业生产用电（含农业排灌用电）后的销售电量征收。
>
> 第六条 各省、自治区、直辖市纳入可再生能源电价附加征收范围的销售电量包括：
>
> （一）省级电网企业（含各级子公司）销售给电力用户的电量；
>
> ……
>
> 第二十三条 本办法自2012年1月1日起施行。

知识链接

什么是可再生能源发展基金？

根据《可再生能源发展基金征收使用管理暂行办法》第三条的规定，可再生能源发展基金包括国家财政公共预算安排的专项资金和依法向电力用户征收的可再生能源电价附加收入等。

第十一章　可再生能源发展基金

第 107 集

食品生产企业生产经营用电，应如何缴纳可再生能源电价附加？

扫码看视频

承第 106 集案例。

提问：林老师，甲公司生产经营用电，应如何缴纳可再生能源电价附加？

林老师解答

甲公司需缴纳的可再生能源电价附加，由当地电网企业向甲公司收取电费时一并代征。

TAX 政策依据

财政部　国家发展改革委　国家能源局
关于印发《可再生能源发展基金征收使用管理暂行办法》的通知
2011 年 11 月 29 日　财综〔2011〕115 号

附件：
可再生能源发展基金征收使用管理暂行办法

第八条　……
电力用户应缴纳的可再生能源电价附加，按照下列方式由电网企业代征：

……

（二）地方独立电网销售电量的可再生能源电价附加，由地方电网企业在向电力用户收取电费时一并代征；

……

溪发说税之非税收入篇

第 108 集

食品生产企业生产经营用电，应如何计算需缴纳的可再生能源电价附加？

承第 106 集案例。

提问：林老师，甲公司的地址在新疆维吾尔自治区、西藏自治区以外的其他省市，其生产经营用电，应如何计算需缴纳的可再生能源电价附加？

林老师解答

甲公司需缴纳的可再生能源电价附加计算如下：

可再生能源电价附加 = 当地电网企业销售给甲公司的电量 × 征收标准

= 3000 × 0.019

= 57（元）

政策依据

财政部　国家发展改革委　国家能源局
关于印发《可再生能源发展基金征收使用管理暂行办法》的通知
2011 年 11 月 29 日　财综〔2011〕115 号

附件：

可再生能源发展基金征收使用管理暂行办法

第五条　可再生能源电价附加在除西藏自治区以外的全国范围内，对各省、自治区、直辖市扣除农业生产用电（含农业排灌用电）后的销售电量征收。

第十一章　可再生能源发展基金

财政部　国家发展改革委
关于提高可再生能源发展基金征收标准等
有关问题的通知

2016年1月5日　财税〔2016〕4号

一、自2016年1月1日起，将各省（自治区、直辖市，不含新疆维吾尔自治区、西藏自治区）居民生活和农业生产以外全部销售电量的基金征收标准，由每千瓦时1.5分提高到每千瓦时1.9分。

第109集

企业自备电厂自发自用电量，需要缴纳可再生能源电价附加吗？

乙公司是一家机械制造企业，2022年8月因生产经营需要通过自备电厂自发自用电量5000千瓦时。

提问：林老师，乙公司自备电厂自发自用电量，需要缴纳可再生能源电价附加吗？

扫码看视频

林老师解答

需要。

> **政策依据**
>
> **财政部 国家发展改革委 国家能源局**
> **关于印发《可再生能源发展基金征收使用管理暂行办法》的通知**
>
> 2011年11月29日 财综〔2011〕115号
>
> 附件：
>
> 可再生能源发展基金征收使用管理暂行办法
>
> 第六条 各省、自治区、直辖市纳入可再生能源电价附加征收范围的销售电量包括：
>
> ……
>
> （四）企业自备电厂自发自用电量；
>
> ……

划重点 消痛点

根据《可再生能源发展基金征收使用管理暂行办法》第六条的规定，各省、自治区、直辖市纳入可再生能源电价附加征收范围的销售电量，除本案例中例举的企业自备电厂自发自用量外，还包括下列各项销售电量：

1. 省级电网企业扣除合理线损后的趸售电量（即实际销售给转供单位的电量，不含趸售给各级子公司的电量）；

2. 省级电网企业对境外销售电量；

3. 地方独立电网（含地方供电企业，下同）销售电量（不含省级电网企业销售给地方独立电网的电量）；

4. 大用户与发电企业直接交易的电量。

省（自治区、直辖市）际间交易电量，计入受电省份的销售电量征收可再生能源电价附加。

第十一章 可再生能源发展基金

第 110 集

企业自备电厂自发自用电量，应如何缴纳可再生能源电价附加？

承第 109 集案例。

提问：林老师，乙公司自备电厂自发自用电量，应如何缴纳可再生能源电价附加？

林老师解答

乙公司自备电厂自发自用电量，由所在地电网企业代征可再生能源电价附加。

政策依据

财政部　国家发展改革委　国家能源局
关于印发《可再生能源发展基金征收使用管理暂行办法》的通知
2011 年 11 月 29 日　财综〔2011〕115 号

附件：

可再生能源发展基金征收使用管理暂行办法

第八条　……

电力用户应缴纳的可再生能源电价附加，按照下列方式由电网企业代征：

……

（三）企业自备电厂自发自用电量应缴纳的可再生能源电价附加，由所在地电网企业代征；

……

划重点　消痛点

根据《可再生能源发展基金征收使用管理暂行办法》第八条第二款的规定，电网企业代征电力用户应缴纳的可再生能源电价附加的方式，除第107集案例及本案例中例举的方式外，还包括下列方式：

1. 大用户与发电企业直接交易电量的可再生能源电价附加，由代为输送电量的电网企业代征；

2. 其他社会销售电量的可再生能源电价附加，由省级电网企业在向电力用户收取电费时一并代征。

第二节　可再生能源发展基金的征收管理

第 111 集

可再生能源电价附加应向哪个部门申报缴纳？

扫码看视频

丙公司是一家地方独立电网公司，其于 2022 年 8 月在向电力用户收取电费时一并代征可再生能源电价附加。

提问：林老师，丙公司应向哪个部门申报缴纳其代征的可再生能源电价附加？

林老师解答

丙公司应向其主管税务机关申报缴纳其代征的可再生能源电价附加。

TAX 政策依据

财政部关于将国家重大水利工程建设基金等政府非税收入项目划转税务部门征收的通知

2018 年 12 月 7 日　财税〔2018〕147 号

一、自 2019 年 1 月 1 日起，将专员办负责征收的……可再生能源发展基金……划转税务部门负责征收。……

国家税务总局关于国家重大水利工程建设基金等政府非税收入项目征管职责划转有关事项的公告

2018年12月25日　国家税务总局公告2018年第63号

一、自2019年1月1日起,原由财政部驻地方财政监察专员办事处(以下简称"专员办")负责征收的……可再生能源发展基金……,划转至税务部门征收。征收范围、对象、标准及收入分成等仍按现行规定执行。

……

四、……相关电网企业按照现行规定进行代征,并向税务部门申报缴纳。……

第三节　可再生能源发展基金的优惠政策

第 112 集

分布式光伏发电自发自用电量，可以免收可再生能源电价附加吗？

扫码看视频

丁公司是一家电力用户企业，该公司按照"自发自用，余量上网，电网调节"的方式建设分布式光伏发电系统。

2022年8月，该分布式光伏发电系统自发自用电量5000千瓦时。

提问：林老师，丁公司分布式光伏发电自发自用电量，可以免收可再生能源电价附加吗？

林老师解答

可以。

TAX 政策依据

财政部关于对分布式光伏发电自发自用电量免征政府性基金有关问题的通知

2013年11月19日　财综〔2013〕103号

为了促进光伏产业健康发展，根据《国务院关于促进光伏产业健康发展的若干意见》（国发〔2013〕24号）的有关规定，对分布式光伏发电自发自用电量免收可再生能源电价附加……等4项针对电量征收的政府性基金。

划重点　消痛点

根据财综〔2013〕103号文件的规定，本案例中，丁公司分布式光伏发电自发自用电量，除可以免收可再生能源电价附加外，还可以免收国家重大水利工程建设基金、大中型水库移民后期扶持基金、农网还贷资金。

第十二章　国家重大水利工程建设基金

第 113 集
省级电网企业在向电力用户收取电费时，需要一并代征国家重大水利工程建设基金吗？

甲公司是一家省级电网企业，其于 2022 年 8 月向电力用户收取电费。

该电费所对应的电量不属于电力用户自备电厂自发自用电量，也不属于地方独立电网销售电量。

甲公司所在的地区系国家重大水利工程建设基金征收地区。①

提问：林老师，甲公司在向电力用户收取电费时，需要一并代征国家重大水利工程建设基金吗？

林老师解答

需要。

① 陈明有说明，本章各集案例所列举单位（个人）所在的地区均系国家重大水利工程建设基金征收地区。

> **TAX 政策依据**
>
> 财政部　国家发展改革委　水利部
> 关于印发《国家重大水利工程建设基金征收使用
> 管理暂行办法》的通知
>
> 2009年12月31日　财综〔2009〕90号
>
> 国家重大水利工程建设基金征收使用管理暂行办法
>
> 第七条　除企业自备电厂自发自用电量和地方独立电网销售电量外，重大水利基金由省级电网企业在向电力用户收取电费时一并代征。
> ……
> 第二十八条　本办法自2010年1月1日起执行……
>
> 财政部关于调整部分政府性基金有关政策的通知
>
> 2019年4月22日　财税〔2019〕46号
>
> 二、……
> 国家重大水利工程建设基金征收至2025年12月31日。……

知识链接

什么是国家重大水利工程建设基金？

根据《国家重大水利工程建设基金征收使用管理暂行办法》第二条的规定，国家重大水利工程建设基金（以下简称重大水利基金）是国家为支持南水北调工程建设、解决三峡工程后续问题以及加强中西部地区重大水利工程建设而设立的政府性基金。

第十二章　国家重大水利工程建设基金

第 114 集

国家重大水利工程建设基金应如何计算代征额？

承第 113 集案例。

提问：林老师，甲公司 2022 年 8 月需代征的国家重大水利工程建设基金应如何计算确定？

林老师解答

甲公司 2022 年 8 月需代征的国家重大水利工程建设基金计算如下：

国家重大水利工程建设基金 = 全部销售电量（扣除国家扶贫开发工作重点县农业排灌用电）× 征收标准

TAX 政策依据

> 财政部　国家发展改革委　水利部
> 关于印发《国家重大水利工程建设基金征收使用
> 管理暂行办法》的通知
> 2009 年 12 月 31 日　财综〔2009〕90 号
> 国家重大水利工程建设基金征收使用管理暂行办法
>
> 第五条　重大水利基金在除西藏自治区以外的全国范围内筹集，按照各省、自治区、直辖市扣除国家扶贫开发工作重点县农业排灌用电后的全部销售电量和规定征收标准计征。……

知识链接

根据《财政部关于调整部分政府性基金有关政策的通知》(财税〔2019〕46号)第二条的规定,自2019年7月1日起,各省(区、市)国家重大水利工程建设基金按以下标准征收(见表12-1)。

表12-1　　　　国家重大水利工程建设基金征收标准

单位:厘/千瓦时

省(区、市)	征收标准
北京	1.96875
天津	1.96875
上海	3.915
河北	1.96875
山西	1.96875
内蒙古	1.125
辽宁	1.125
吉林	1.125
黑龙江	1.125
江苏	4.1934375
浙江	4.03875
安徽	3.63375
福建	1.96875
江西	1.5525
山东	1.96875
河南	3.189375
湖北	0

第十二章 国家重大水利工程建设基金

续表

省（区、市）	征收标准
湖南	1.0546875
广东	1.96875
广西	1.125
海南	1.125
重庆	1.96875
四川	1.96875
贵州	1.125
云南	1.125
陕西	1.125
甘肃	1.125
青海	1.125
宁夏	1.125
新疆	1.125

第 115 集

国家重大水利工程建设基金应向哪个部门申报缴纳？

扫码看视频

承第 113 集案例。

提问：林老师，甲公司应向哪个部门申报缴纳其代征的国家重大水利工程建设基金？

林老师解答

甲公司应向其主管税务机关申报缴纳其代征的国家重大水利工程建设基金。

政策依据

财政部关于将国家重大水利工程建设基金等政府非税收入项目划转税务部门征收的通知

2018年12月7日 财税〔2018〕147号

一、自2019年1月1日起,将专员办负责征收的国家重大水利工程建设基金……划转税务部门负责征收。……

国家税务总局关于国家重大水利工程建设基金等政府非税收入项目征管职责划转有关事项的公告

2018年12月25日 国家税务总局公告2018年第63号

一、自2019年1月1日起,原由财政部驻地方财政监察专员办事处(以下简称"专员办")负责征收的国家重大水利工程建设基金……,划转至税务部门征收。征收范围、对象、标准及收入分成等仍按现行规定执行。

……

四、……相关电网企业按照现行规定进行代征,并向税务部门申报缴纳。……

……

本公告自2019年1月1日起施行。

第十二章　国家重大水利工程建设基金

财政部关于国家重大水利工程建设基金、水利建设基金划转税务部门征收的通知

2020年2月25日　财税〔2020〕9号

一、自2020年1月1日起，将地方政府及有关部门征收的国家重大水利工程建设基金……，划转至税务部门征收。……

国家税务总局关于水利建设基金等政府非税收入项目征管职责划转有关事项的公告

2020年1月19日　国家税务总局公告2020年第2号

一、自2020年起，地方政府及有关部门负责征收的国家重大水利工程建设基金，……划转至税务部门征收。

……

本公告自2020年2月1日起施行。

划重点　消痛点

本案例中，假定甲公司因资金周转出现困难，未能及时申报缴纳国家重大水利工程建设基金，则根据《国家重大水利工程建设基金征收使用管理暂行办法》第十四条的规定，对甲公司从滞纳之日起按日加收滞纳部分2‰的滞纳金。

第 116 集

分布式光伏发电自发自用电量，可以免收国家重大水利工程建设基金吗？

乙公司是一家电力用户企业，其于 2022 年 8 月按照"自发自用，余量上网，电网调节"的方式建设分布式光伏发电系统。

提问：林老师，乙公司分布式光伏发电自发自用电量，可以免收国家重大水利工程建设基金吗？

林老师解答

可以。

政策依据

财政部关于对分布式光伏发电自发自用电量免征政府性基金有关问题的通知

2013 年 11 月 19 日　财综〔2013〕103 号

为了促进光伏产业健康发展，根据《国务院关于促进光伏产业健康发展的若干意见》（国发〔2013〕24 号）的有关规定，对分布式光伏发电自发自用电量免收……国家重大水利工程建设基金……等 4 项针对电量征收的政府性基金。……

第十三章　水利建设基金

第 117 集
企业销售货物取得收入并已申报缴纳增值税，需要缴纳水利建设基金吗？

A 公司属于增值税一般纳税人，其于 2022 年 8 月在境内销售货物取得收入 50 万元，并申报缴纳了增值税。

A 公司所在的地区系水利建设基金征收地区。①

提问：林老师，A 公司需要申报缴纳水利建设基金吗？

林老师解答

需要。

TAX 政策依据

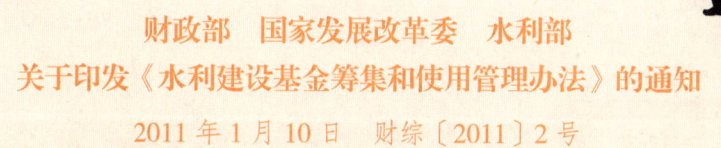

> 财政部　国家发展改革委　水利部
> 关于印发《水利建设基金筹集和使用管理办法》的通知
> 2011 年 1 月 10 日　财综〔2011〕2 号
>
> 附件：
> 　　水利建设基金筹集和使用管理办法
> 第四条　地方水利建设基金的来源：
> ……
> （二）经财政部批准，各省、自治区、直辖市向企事业单位和个体经营者征收的水利建设基金。

---

① 除另有说明，本章各集案例所列举单位（个人）所在的地区均系水利建设基金征收地区。

财政部关于取消、调整部分政府性基金有关政策的通知
2017 年 3 月 15 日　财税〔2017〕18 号

三、"十三五"期间，省、自治区、直辖市人民政府可以结合当地经济发展水平、相关公共事业和设施保障状况、社会承受能力等因素，自主决定免征、停征或减征地方水利建设基金……各省、自治区、直辖市财政部门应当将本地区出台的减免政策报财政部备案。

知识链接

什么是水利建设基金？

根据《水利建设基金筹集和使用管理办法》第二条的规定，水利建设基金是用于水利建设的专项资金，由中央水利建设基金和地方水利建设基金组成。中央水利建设基金主要用于关系经济社会发展全局的重点水利工程建设。地方水利建设基金主要用于地方水利工程建设。

第 118 集

水利建设基金应向哪个部门申报缴纳？

承第 117 集案例。

提问：林老师，A 公司应向哪个部门申报缴纳水利建设基金？

第十三章 水利建设基金

> **林老师解答**

A 公司应向其主管税务机关申报缴纳水利建设基金。

> **TAX 政策依据**

**财政部关于国家重大水利工程建设基金、
水利建设基金划转税务部门征收的通知**

2020 年 2 月 25 日　财税〔2020〕9 号

一、自 2020 年 1 月 1 日起，……向企事业单位和个体经营者征收的水利建设基金，划转至税务部门征收。

**国家税务总局关于水利建设基金等
政府非税收入项目征管职责划转有关事项的公告**

2020 年 1 月 19 日　国家税务总局公告 2020 年第 2 号

一、自 2020 年起，……向企事业单位和个体经营者征收的水利建设基金，划转至税务部门征收。

第 119 集

月销售额不超过 10 万元，可以免征水利建设基金吗？

扫码看视频

B 公司属于增值税一般纳税人，其于 2022 年 8 月在境内销售货物取得收入 8 万元，并申报缴纳了增值税。

提问：林老师，B 公司 2022 年 8 月销售额不超过 10 万元，可以免征水利建设基金吗？

215

林老师解答

可以。

政策依据

财政部 国家税务总局
关于扩大有关政府性基金免征范围的通知

2016年1月29日 财税〔2016〕12号

一、将免征……水利建设基金的范围，由现行按月纳税的月销售额或营业额不超过3万元（按季度纳税的季度销售额或营业额不超过9万元）的缴纳义务人，扩大到按月纳税的月销售额或营业额不超过10万元（按季度纳税的季度销售额或营业额不超过30万元）的缴纳义务人。

……

三、本通知自2016年2月1日起执行。

第十四章　水库移民扶持基金

第一节　大中型水库移民后期扶持基金

第 120 集 省级电网企业在向电力用户收取电费时，需要一并代征大中型水库移民后期扶持基金吗？

扫码看视频

A 公司是一家省级电网企业，其于 2022 年 8 月向电力用户收取电费。

A 公司所在的地区系大中型水库移民后期扶持基金征收地区。①

提问： 林老师，A 公司在向电力用户收取电费时，需要一并代征大中型水库移民后期扶持基金吗？

林老师解答

需要。

① 除另有说明，本章第一节"大中型水库移民后期扶持基金"各集案例所列举单位（个人）所在地区均系大中型水库移民后期扶持基金征收地区。

> **TAX 政策依据**
>
> 财政部关于印发
> 《大中型水库移民后期扶持基金征收使用管理暂行办法》的通知
>
> 2006年7月14日　财综〔2006〕29号
>
> 附件：
> 　　大中型水库移民后期扶持基金征收使用管理暂行办法
> 　　第七条　后期扶持基金由各省级电网企业在向电力用户收取电费时一并代征，按月上缴中央国库。……
> 　　……
> 　　第二十四条　本办法自2006年7月1日起执行……

知识链接

什么是大中型水库移民后期扶持基金？

根据《大中型水库移民后期扶持基金征收使用管理暂行办法》第二条的规定，大中型水库移民后期扶持基金，是国家为扶持大中型水库农村移民解决生产生活问题而设立的政府性基金。

第121集

大中型水库移民后期扶持基金应向哪个部门申报缴纳？

承第120集案例。

提问：林老师，A公司应向哪个部门申报缴纳其代征的大中型水库移民后期扶持基金？

第十四章 水库移民扶持基金

林老师解答

A公司应向其主管税务机关申报缴纳其代征的大中型水库移民后期扶持基金。

政策依据

**财政部关于将国家重大水利工程建设基金等
政府非税收入项目划转税务部门征收的通知**

2018年12月7日　财税〔2018〕147号

一、自2019年1月1日起，将专员办负责征收的……中央水库移民扶持基金（含大中型水库移民后期扶持基金……）……划转税务部门负责征收。……

**国家税务总局关于国家重大水利工程建设基金等
政府非税收入项目征管职责划转有关事项的公告**

2018年12月25日　国家税务总局公告2018年第63号

一、自2019年1月1日起，原由财政部驻地方财政监察专员办事处（以下简称"专员办"）负责征收的……中央水库移民扶持基金（含大中型水库移民后期扶持基金……）……，划转至税务部门征收。征收范围、对象、标准及收入分成等仍按现行规定执行。

……

四、……相关电网企业按照现行规定进行代征，并向税务部门申报缴纳。……

第 122 集
分布式光伏发电自发自用电量，可以免收大中型水库移民后期扶持基金吗？

B 公司是一家电力用户企业，其于 2022 年 8 月按照"自发自用，余量上网，电网调节"的方式建设分布式光伏发电系统。

提问：林老师，B 公司分布式光伏发电自发自用电量，可以免收大中型水库移民后期扶持基金吗？

林老师解答

可以。

政策依据

财政部关于对分布式光伏发电自发自用电量免征政府性基金有关问题的通知

2013 年 11 月 19 日　财综〔2013〕103 号

为了促进光伏产业健康发展，根据《国务院关于促进光伏产业健康发展的若干意见》（国发〔2013〕24 号）的有关规定，对分布式光伏发电自发自用电量免收……大中型水库移民后期扶持基金……等 4 项针对电量征收的政府性基金。……

第二节　跨省际大中型水库库区基金

第 123 集

具有独立法人资格的跨省际
大中型水库发电企业，属于跨省际大中型水库
库区基金缴费主体吗？

扫码看视频

　　A 公司是一家列入缴纳大中型水库库区基金的跨省际大中型水库名单的水库发电企业，具有独立法人资格。

　　A 公司装机容量为 105 万千瓦，其于 2022 年 7 月取得发电收入。

　　提问：林老师，A 公司属于跨省际大中型水库库区基金缴费主体吗？

林老师解答

属于。

政策依据

财政部关于征收跨省际大中型水库
库区基金有关问题的通知

2009 年 9 月 5 日　财综〔2009〕59 号

一、……

缴纳大中型水库库区基金的跨省际大中型水库名单……见附件。

二、跨省际大中型水库为独立法人的，由水库（水电站）缴纳大中

型水库库区基金；……

……

九、本通知自 2009 年 10 月 1 日起实施。

财政部关于印发
《大中型水库库区基金征收使用管理暂行办法》的通知

2007 年 4 月 17 日　财综〔2007〕26 号

附件：

大中型水库库区基金征收使用管理暂行办法

第十五条　本办法中的大中型水库是指装机容量在 2.5 万千瓦及以上有发电收入的水库和水电站。

财政部关于取消、停征和整合部分政府性
基金项目等有关问题的通知

2016 年 1 月 29 日　财税〔2016〕11 号

五、将大中型水库移民后期扶持基金、跨省（区、市）大中型水库库区基金、三峡水库库区基金合并为中央水库移民扶持基金。……具体征收政策、收入划分、使用范围等仍按现行规定执行，今后根据水库移民扶持工作需要适时完善分配使用政策。

……

八、本通知自 2016 年 2 月 1 日起执行。

划重点　消痛点

根据财综〔2009〕59 号文件第二条的规定，跨省际大中型水库为非独立法人的，由其归属企业缴纳大中型水库库区基金。

第十四章 水库移民扶持基金

第 124 集

跨省际大中型水库库区基金的计征依据应如何确定？

承第 123 集案例。

提问： 林老师，A 公司于 2022 年 7 月需缴纳的跨省际大中型水库库区基金，其计征依据应如何确定？

林老师解答

A 公司于 2022 年 7 月需缴纳的跨省际大中型水库库区基金，其计征依据为其实际上网销售电量。

TAX 政策依据

财政部关于印发
《大中型水库库区基金征收使用管理暂行办法》的通知

2007 年 4 月 17 日　财综〔2007〕26 号

附件：

大中型水库库区基金征收使用管理暂行办法

第三条　库区基金从有发电收入的大中型水库发电收入中筹集，根据水库实际上网销售电量，按不高于 8 厘/千瓦时的标准征收。

第 125 集

跨省际大中型水库库区基金的征收标准应如何确定？

承第 123 集案例。

提问：林老师，A 公司于 2022 年 7 月需缴纳的跨省际大中型水库库区基金，其征收标准应如何确定？

林老师解答

A 公司于 2022 年 7 月需缴纳的跨省际大中型水库库区基金，其征收标准按照所在省份的大中型水库库区基金征收标准执行。

政策依据

财政部关于征收跨省际大中型水库库区基金有关问题的通知

2009 年 9 月 5 日　财综〔2009〕59 号

一、跨省际大中型水库库区基金，……征收标准按照水库发电企业所在省份的大中型水库库区基金征收标准执行。

缴纳大中型水库库区基金的跨省际大中型水库名单，……以及各水库适用的大中型水库库区基金征收标准见附件。

知识链接

跨省际大中型水库名单、库区基金征收标准、征收机关和分配比例表

根据财综〔2009〕59号文件附件《跨省际大中型水库名单、库区基金征收标准、征收机关和分配比例表》的规定，跨省际大中型水库名单、库区基金征收标准、征收机关和分配比例见表14-1。

表14-1 跨省际大中型水库名单、库区基金征收标准、征收机关和分配比例

序号	工程名称	征收标准	征收机关	涉及省份	分配比例
1	桓仁水库	8厘/千瓦时	辽宁	辽宁	75.00%
				吉林	25.00%
2	水丰水库	8厘/千瓦时	辽宁	辽宁	66.00%
				吉林	34.00%
3	万家寨水利枢纽	8厘/千瓦时	山西	山西	2.80%
				内蒙古	97.20%
4	丹江口水库	8厘/千瓦时	湖北	湖北	61.00%
				河南	39.00%
5	江垭水库	8厘/千瓦时	湖南	湖南	85.00%
				湖北	15.00%
6	纳吉滩水电站	8厘/千瓦时	湖北	湖北	38.40%
				湖南	61.60%
7	塘口	8厘/千瓦时	湖北	湖北	40.00%
				湖南	60.00%

续表

序号	工程名称	征收标准	征收机关	涉及省份	分配比例
8	碗米坡电站	8厘/千瓦时	湖南	湖南	93.80%
				重庆	6.20%
9	宝珠寺电站	8厘/千瓦时	四川	四川	81.40%
				陕西	9.40%
				甘肃	9.20%
10	炳灵水电站	8厘/千瓦时	甘肃	甘肃	31.30%
				青海	68.70%
11	张窝电站	8厘/千瓦时	四川	四川	5.40%
				云南	94.60%
12	大洪河水库	8厘/千瓦时	重庆	重庆	37.00%
				四川	63.00%
13	向家坝电站	8厘/千瓦时	四川	四川	45.40%
				云南	54.60%
14	溪洛渡电站	8厘/千瓦时	四川	四川	33.00%
				云南	67.00%
15	彭水电站	8厘/千瓦时	重庆	重庆	34.60%
				贵州	65.40%
16	龙滩电站	8厘/千瓦时	广西	广西	42.20%
				贵州	57.80%
17	鲁布革电站	8厘/千瓦时	云南	云南	48.50%
				贵州	51.50%
18	天生桥一级水电站	8厘/千瓦时	贵州	广西	43.60%
				云南	5.70%
				贵州	50.70%

第十四章 水库移民扶持基金

续表

序号	工程名称	征收标准	征收机关	涉及省份	分配比例
19	天生桥二级水电站	8厘/千瓦时	广西	广西	74.50%
				贵州	25.50%
20	洞巴水电站	8厘/千瓦时	广西	广西	54.80%
				云南	45.20%
21	百色水利枢纽	8厘/千瓦时	广西	广西	67.50%
				云南	32.50%
22	平班水电站	8厘/千瓦时	广西	广西	58.60%
				贵州	41.40%

第126集

跨省际大中型水库库区基金应向哪个部门申报缴纳？

承第123集案例。

提问： 林老师，A公司应向哪个部门申报缴纳跨省际大中型水库库区基金？

林老师解答

A公司应向税务部门申报缴纳跨省际大中型水库库区基金。

扫码看视频

政策依据

**财政部关于将国家重大水利工程建设基金等
政府非税收入项目划转税务部门征收的通知**

2018年12月7日　财税〔2018〕147号

一、自2019年1月1日起,将专员办负责征收的……中央水库移民扶持基金(含……跨省际大中型水库库区基金)……划转税务部门负责征收。……

**国家税务总局关于国家重大水利工程建设基金等
政府非税收入项目征管职责划转有关事项的公告**

2018年12月25日　国家税务总局公告2018年第63号

一、自2019年1月1日起,原由财政部驻地方财政监察专员办事处(以下简称"专员办")负责征收的……中央水库移民扶持基金(含……跨省际大中型水库库区基金)……,划转至税务部门征收。征收范围、对象、标准及收入分成等仍按现行规定执行。

……

四、缴费人采用自行申报方式办理非税收入申报缴纳等有关事项。……

第三节　地方水库移民扶持基金

第 127 集

装机容量 33 万千瓦的水电站取得发电收入，需要缴纳地方水库移民扶持基金吗？

甲水电站的装机容量为 33 万千瓦，其于 2022 年 7 月取得发电收入。

甲水电站所在的省份未出台免征、停征或减征地方水库移民扶持基金的相关政策。

提问：林老师，甲水电站取得发电收入，需要申报缴纳地方水库移民扶持基金吗？

林老师解答

需要。

政策依据

财政部关于印发
《大中型水库库区基金征收使用管理暂行办法》的通知
2007 年 4 月 17 日　财综〔2007〕26 号

附件：

大中型水库库区基金征收使用管理暂行办法

第二条　国家将原库区维护基金、原库区后期扶持基金及经营性大中型水库承担的移民后期扶持资金进行整合,设立大中型水库库区基金(以下简称库区基金)……

……

第十五条 本办法中的大中型水库是指装机容量在2.5万千瓦及以上有发电收入的水库和水电站。

……

第十七条 本办法自2007年5月1日起施行。……

财政部关于加强大中型水库库区基金征收管理有关问题的通知

2009年8月12日 财综〔2009〕51号

二、凡行政区域内有装机容量在2.5万千瓦及以上有发电收入的水库和水电站,且尚未制定库区基金征收使用管理实施细则的省份,要抓紧制定本地区库区基金征收使用管理实施细则,并于2009年9月30日前按规定程序上报财政部,由财政部会同国家发展改革委、水利部批准后实施。

三、确因特殊情况需减免、缓征或停征库区基金的省份,应由省级财政部门报省级人民政府同意后,由省级人民政府向国务院提出申请。

财政部关于取消、停征和整合部分政府性基金项目等有关问题的通知

2016年1月29日 财税〔2016〕11号

五、……将省级大中型水库库区基金、小型水库移民扶助基金合并为地方水库移民扶持基金。具体征收政策、收入划分、使用范围等仍按现行规定执行,今后根据水库移民扶持工作需要适时完善分配使用政策。

……

第十四章 水库移民扶持基金

八、本通知自 2016 年 2 月 1 日起执行。

财政部关于取消、调整部分政府性基金有关政策的通知

2017 年 3 月 15 日　财税〔2017〕18 号

三、"十三五"期间，省、自治区、直辖市人民政府可以结合当地经济发展水平、相关公共事业和设施保障状况、社会承受能力等因素，自主决定免征、停征或减征……地方水库移民扶持基金。各省、自治区、直辖市财政部门应当将本地区出台的减免政策报财政部备案。

……

七、本通知自 2017 年 4 月 1 日起执行。……

第 128 集

省级大中型水库库区基金的计征依据应如何确定？

承第 127 集案例。

提问：林老师，甲水电站需缴纳的地方水库移民扶持基金为省级大中型水库库区基金，其计征依据应如何确定？

林老师解答

甲水电站需缴纳的省级大中型水库库区基金的计征依据为其实际上网销售电量。

> **TAX 政策依据**
>
> 财政部关于印发
> 《大中型水库库区基金征收使用管理暂行办法》的通知
>
> 2007年4月17日　财综〔2007〕26号
>
> 附件：
> 　　大中型水库库区基金征收使用管理暂行办法
>
> 第三条　库区基金从有发电收入的大中型水库发电收入中筹集，根据水库实际上网销售电量，按不高于8厘/千瓦时的标准征收。

第 129 集

地方水库移民扶持基金应向哪个部门申报缴纳？

承第 127 集案例。

提问：林老师，甲水电站应向哪个部门申报缴纳地方水库移民扶持基金？

林老师解答

甲水电站应向其主管税务机关自行申报缴纳地方水库移民扶持基金。

政策依据

财政部关于水土保持补偿费等四项非税收入划转税务部门征收的通知

2020年12月4日　财税〔2020〕58号

一、自2021年1月1日起，将……地方水库移民扶持基金……划转至税务部门征收。……

国家税务总局关于水土保持补偿费等政府非税收入项目征管职责划转有关事项的公告

2020年12月11日　国家税务总局公告2020年第21号

一、自2021年1月1日起，……地方水库移民扶持基金……划转至税务部门征收。征收范围、征收对象、征收标准等政策仍按现行规定执行。

……

四、地方水库移民扶持基金自2021年2月1日起，由缴费人按月向税务部门自行申报缴纳，申报缴纳期限按现行规定执行。

……

本公告自2021年1月1日起施行。

第 130 集

抽水蓄能电站需要缴纳地方水库移民扶持基金吗?

乙电站是一家于 2022 年 7 月建成投产的抽水蓄能电站。

提问：林老师，乙电站需要申报缴纳地方水库移民扶持基金吗?

林老师解答

不需要。

政策依据

财政部关于抽水蓄能电站征收大中型水库库区基金有关问题的通知

2016 年 1 月 28 日　财税〔2016〕13 号

根据《大中型水库库区基金征收使用管理暂行办法》（财综〔2007〕26 号）规定，大中型水库库区基金从有发电收入的大中型水库中筹集。抽水蓄能电站不以发电作为主要功能和收入来源，不属于常规水电站，不纳入大中型水库库区基金征收范围。

第十五章 残疾人就业保障金

第一节 残疾人就业保障金的缴费主体和征收范围

第 131 集
用人单位安排残疾人就业达不到规定比例，需要缴纳残疾人就业保障金吗？

2021 年，A 公司在职职工人数为 100 人，其中包含 1 名残疾人；A 公司当年安排残疾人就业人数占本单位在职职工总数的比例为 1%。

A 公司所在地省级人民政府规定，用人单位安排残疾人就业的比例不得低于本单位在职职工总数的 1.6%。

提问：林老师，A 公司安排残疾人就业达不到其所在地省级人民政府规定的比例，需要缴纳残疾人就业保障金吗？

林老师解答

需要。

政策依据

残疾人就业条例

2007 年 2 月 25 日　中华人民共和国国务院令第 488 号

第八条　用人单位应当按照一定比例安排残疾人就业，并为其提供适当的工种、岗位。

用人单位安排残疾人就业的比例不得低于本单位在职职工总数的1.5%。具体比例由省、自治区、直辖市人民政府根据本地区的实际情况规定。

……

第九条　用人单位安排残疾人就业达不到其所在地省、自治区、直辖市人民政府规定比例的，应当缴纳残疾人就业保障金。

……

第三十条　本条例自2007年5月1日起施行。

财政部　国家税务总局　中国残疾人联合会
关于印发《残疾人就业保障金征收使用管理办法》的通知

2015年9月9日　财税〔2015〕72号

附件：

残疾人就业保障金征收使用管理办法

第六条　用人单位安排残疾人就业的比例不得低于本单位在职职工总数的1.5%。具体比例由各省、自治区、直辖市人民政府根据本地区的实际情况规定。

用人单位安排残疾人就业达不到其所在地省、自治区、直辖市人民政府规定比例的，应当缴纳保障金。

……

第三十条　本办法自2015年10月1日起施行。……

知识链接

1. 什么是残疾人？

根据《残疾人就业保障金征收使用管理办法》第四条的规定，残疾

第十五章 残疾人就业保障金

人是指持有《中华人民共和国残疾人证》上注明属于视力残疾、听力残疾、言语残疾、肢体残疾、智力残疾、精神残疾和多重残疾的人员，或者持有《中华人民共和国残疾军人证》（1至8级）的人员。

2. 什么是残疾人就业？

根据《残疾人就业条例》第二十九条的规定，残疾人就业是指符合法定就业年龄有就业要求的残疾人从事有报酬的劳动。

3. 什么是残疾人就业保障金？

根据《残疾人就业保障金征收使用管理办法》第二条的规定，残疾人就业保障金是为保障残疾人权益，由未按规定安排残疾人就业的机关、团体、企业、事业单位和民办非企业单位（以下简称用人单位）缴纳的资金。

4. 什么是用人单位在职职工？

根据《残疾人就业保障金征收使用管理办法》第八条第二款的规定，用人单位在职职工，是指用人单位在编人员或依法与用人单位签订1年以上（含1年）劳动合同（服务协议）的人员。

第 132 集

用人单位跨地区招用残疾人，可以计入所安排的残疾人职工人数之内吗？

B 公司机构所在地及实际经营地均在厦门市思明区，其于 2022 年 7 月到江西省招用 2 名残疾人。

提问：林老师，B 公司在计算缴纳残疾人就业保障金时，其跨地区招用的残疾人，可以计入所安排的残疾人职工人数之内吗？

林老师解答

可以。

政策依据

残疾人就业条例

2007 年 2 月 25 日　中华人民共和国国务院令第 488 号

第八条　……
用人单位跨地区招用残疾人的，应当计入所安排的残疾人职工人数之内。

划重点　消痛点

根据《残疾人就业保障金征收使用管理办法》第七条第二款的规定，用人单位安排 1 名持有《中华人民共和国残疾人证》（1 至 2 级）或《中华

第十五章 残疾人就业保障金

人民共和国残疾军人证》（1至3级）的人员就业的，按照安排2名残疾人就业计算。

第133集 劳务派遣用工，其实际安排残疾人就业人数和在职职工人数应如何计算确定？

2022年7月，C公司依照其与D公司签订的劳务派遣协议，依法以劳务派遣方式接受D公司派遣的5名残疾人在本公司就业。

C公司和D公司经协商一致在劳务派遣协议中约定，将劳务派遣的5名残疾人计入C公司实际安排残疾人就业人数和在职职工人数。

提问： 林老师，D公司在计算缴纳残疾人就业保障金时，可以将上述劳务派遣的5名残疾人计入D公司实际安排残疾人就业人数和在职职工人数吗？

林老师解答

不可以。

TAX 政策依据

财政部关于调整残疾人就业保障金征收政策的公告

2019年12月31日 财政部公告2019年第98号

二、用人单位依法以劳务派遣方式接受残疾人在本单位就业的，由派遣单位和接受单位通过签订协议的方式协商一致后，将残疾人数计入

溪发说税之非税收入篇

> 其中一方的实际安排残疾人就业人数和在职职工人数，不得重复计算。
> ……
> 五、本公告自 2020 年 1 月 1 日起执行。

划重点　消痛点

根据《残疾人就业保障金征收使用管理办法》第八条第二款的规定，用人单位季节性用工应当折算为年平均用工人数。

第二节　残疾人就业保障金的征收标准和计费方法

第 134 集

残疾人就业保障金征收标准应如何确定？

扫码看视频

2021 年，E 公司在职职工人数为 250 人，其中包含 2 名残疾人；E 公司在职职工平均工资为 7.5 万元，当地社会平均工资为 6.5 万元。

E 公司所在地省级人民政府规定，用人单位安排残疾人就业的比例不得低于本单位在职职工总数的 1.6%。

提问： 林老师，E 公司在计算缴纳残疾人就业保障金时，其征收标准应如何确定？

林老师解答

2021 年，E 公司在职职工平均工资未超过当地社会平均工资的 2 倍，其残疾人就业保障金征收标准为该公司在职职工年平均工资。

TAX 政策依据

财政部关于降低部分政府性基金征收标准的通知

2018 年 4 月 13 日　财税〔2018〕39 号

一、自 2018 年 4 月 1 日起，将残疾人就业保障金征收标准上限，由当地社会平均工资的3倍降低至2倍。其中，用人单位在职职工平均工资未超过当地社会平均工资2倍（含）的，按用人单位在职职工年平均工资计征残疾人就业保障金；……

国家发展改革委　财政部　民政部
人力资源社会保障部　税务总局　中国残联
关于印发《关于完善残疾人就业保障金制度
更好促进残疾人就业的总体方案》的通知

2019年12月27日　发改价格规〔2019〕2015号

附件：
关于完善残疾人就业保障金制度　更好促进残疾人就业的总体方案

二、优化征收，切实降低用人单位成本

……

（五）明确社会平均工资口径。残保金征收标准上限仍按当地社会平均工资的2倍执行，社会平均工资的口径为城镇私营单位和非私营单位就业人员加权平均工资。

……

本方案自2020年1月1日起实施。

财政部关于调整残疾人就业保障金征收政策的公告

2019年12月31日　财政部公告2019年第98号

一、残疾人就业保障金征收标准上限，按照当地社会平均工资2倍执行。当地社会平均工资按照所在地城镇非私营单位就业人员平均工资和城镇私营单位就业人员平均工资加权计算。

第十五章 残疾人就业保障金

第 135 集

用人单位需缴纳的残疾人就业保障金应如何计算？

承第 134 集案例。

提问： 林老师，2021 年 E 公司需缴纳的残疾人就业保障金应如何计算？

林老师解答

E 公司应缴纳的残疾人就业保障金计算如下：

残疾人就业保障金年缴纳额

=（上年用人单位在职职工人数 × 所在地省、自治区、直辖市人民政府规定的安排残疾人就业比例 – 上年用人单位实际安排的残疾人就业人数）× 上年用人单位在职职工年平均工资 × 90%

=（250 × 1.6% – 2）× 7.5 × 90%

= 13.5（万元）

TAX 政策依据

财政部　国家税务总局　中国残疾人联合会
关于印发《残疾人就业保障金征收使用管理办法》的通知
2015 年 9 月 9 日　财税〔2015〕72 号

附件：
残疾人就业保障金征收使用管理办法
第八条　保障金按上年用人单位安排残疾人就业未达到规定比例

的差额人数和本单位在职职工年平均工资之积计算缴纳。计算公式如下:

保障金年缴纳额=(上年用人单位在职职工人数×所在地省、自治区、直辖市人民政府规定的安排残疾人就业比例-上年用人单位实际安排的残疾人就业人数)×上年用人单位在职职工年平均工资。

**国家发展改革委 财政部 民政部
人力资源社会保障部 税务总局 中国残联
关于印发《关于完善残疾人就业保障金制度
更好促进残疾人就业的总体方案》的通知**

2019年12月27日 发改价格规〔2019〕2015号

附件:

关于完善残疾人就业保障金制度 更好促进残疾人就业的总体方案

二、优化征收,切实降低用人单位成本

……

(三)实行分档征收。

将残保金由单一标准征收调整为分档征收,用人单位安排残疾人就业比例……1%以下的,三年内按应缴费额90%征收。

财政部关于调整残疾人就业保障金征收政策的公告

2019年12月31日 财政部公告2019年第98号

三、自2020年1月1日起至2022年12月31日,对残疾人就业保障金实行分档减缴政策。其中:……用人单位安排残疾人就业比例在1%以下的,按规定应缴费额的90%缴纳残疾人就业保障金。

第三节　残疾人就业保障金的优惠政策

第 136 集

用人单位安排残疾人就业比例达到 1%（含）以上但未达到规定比例，可以按规定应缴费额的 50% 缴纳残疾人就业保障金吗？

扫码看视频

2021 年，F 公司在职职工人数为 250 人，其中包含 3 名残疾人。

F 公司所在地省级人民政府规定，用人单位安排残疾人就业的比例不得低于本单位在职职工总数的 1.6%。

提问： 林老师，2021 年 F 公司安排残疾人就业比例为 1.2%，该比例超过 1% 但低于该公司所在地省级人民政府规定比例，F 公司可以按规定应缴费额的 50% 缴纳残疾人就业保障金吗？

林老师解答

可以。

> **TAX 政策依据**
>
> **国家发展改革委 财政部 民政部**
> **人力资源社会保障部 税务总局 中国残联**
> **关于印发《关于完善残疾人就业保障金制度**
> **更好促进残疾人就业的总体方案》的通知**
>
> 2019年12月27日 发改价格规〔2019〕2015号
>
> 附件：
> 关于完善残疾人就业保障金制度 更好促进残疾人就业的总体方案
>
> 二、优化征收，切实降低用人单位成本
> ……
>
> （三）实行分档征收。
> 将残保金由单一标准征收调整为分档征收，用人单位安排残疾人就业比例1%（含）以上但低于本省（区、市）规定比例的，三年内按应缴费额50%征收；……
>
> **财政部关于调整残疾人就业保障金征收政策的公告**
>
> 2019年12月31日 财政部公告2019年第98号
>
> 三、自2020年1月1日起至2022年12月31日，对残疾人就业保障金实行分档减缴政策。其中：用人单位安排残疾人就业比例达到1%（含）以上，但未达到所在地省、自治区、直辖市人民政府规定比例的，按规定应缴费额的50%缴纳残疾人就业保障金；……

第十五章 残疾人就业保障金

第 137 集

在职职工人数在 30 人（含）以下的企业，可以免征残疾人就业保障金吗？

2021 年，G 公司的在职职工人数为 20 人，在职职工包括在编人员及依法与 G 公司签订 1 年以上（含 1 年）劳动合同的人员。

提问： 林老师，G 公司在职职工人数低于 30 人，可以免征残疾人就业保障金吗？

林老师解答

可以。

TAX 政策依据

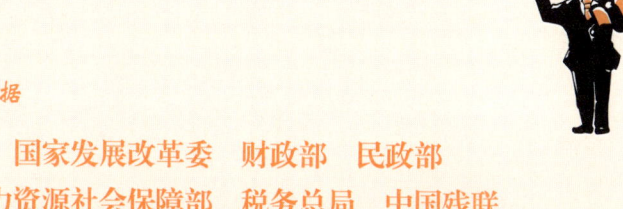

国家发展改革委　财政部　民政部
人力资源社会保障部　税务总局　中国残联
关于印发《关于完善残疾人就业保障金制度
更好促进残疾人就业的总体方案》的通知

2019 年 12 月 27 日　发改价格规〔2019〕2015 号

附件：
关于完善残疾人就业保障金制度　更好促进残疾人就业的总体方案

二、优化征收，切实降低用人单位成本

……

（四）暂免征收小微企业残保金。对在职职工总数 30 人（含）以下的企业，暂免征收残保金。

财政部关于调整残疾人就业保障金征收政策的公告

2019年12月31日　财政部公告2019年第98号

四、自2020年1月1日起至2022年12月31日，在职职工人数在30人（含）以下的企业，暂免征收残疾人就业保障金。

第十六章 文化事业建设费

第一节 文化事业建设费的缴费主体和征收范围

第 138 集

广告公司提供广告服务，需要缴纳文化事业建设费吗？

A 公司是一家以提供广告服务为主营业务的广告媒介单位，属于增值税一般纳税人，其于 2019 年 12 月在境内利用广播、电视等各种形式为客户的商品进行宣传，当月取得广告服务收入。

提问：林老师，A 公司 2019 年 12 月取得广告服务收入，需要申报缴纳文化事业建设费吗？

林老师解答

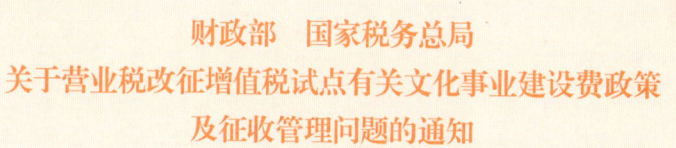

需要。

政策依据

财政部　国家税务总局
关于营业税改征增值税试点有关文化事业建设费政策
及征收管理问题的通知
2016 年 3 月 28 日　财税〔2016〕25 号

一、在中华人民共和国境内提供广告服务的广告媒介单位和户外广告经营单位，应按照本通知规定缴纳文化事业建设费。

......

十一、本通知所称广告服务，是指《财政部 国家税务总局关于全面推开营业税改征增值税试点的通知》（财税〔2016〕36号）的《销售服务、无形资产、不动产注释》中"广告服务"范围内的服务。

十二、本通知所称广告媒介单位和户外广告经营单位，是指发布、播映、宣传、展示户外广告和其他广告的单位，以及从事广告代理服务的单位。

十三、本通知自2016年5月1日起执行。……

财政部　国家税务总局
关于全面推开营业税改征增值税试点的通知

2016年3月23日　财税〔2016〕36号

附件1《营业税改征增值税试点实施办法》

附：

销售服务、无形资产、不动产注释

一、销售服务

......

（六）现代服务。

......

3.文化创意服务。

......

（3）广告服务，是指利用图书、报纸、杂志、广播、电视、电影、幻灯、路牌、招贴、橱窗、霓虹灯、灯箱、互联网等各种形式为客户的商品、经营服务项目、文体节目或者通告、声明等委托事项进行宣传和提供相关服务的业务活动。包括广告代理和广告的发布、播映、宣传、展示等。

第十六章 文化事业建设费

第 139 集

酒吧提供娱乐服务，需要缴纳文化事业建设费吗？

B 公司是一家酒吧，属于增值税一般纳税人，其于 2019 年 12 月在境内为顾客娱乐活动同时提供场所和服务，当月取得娱乐服务收入。

提问：林老师，B 公司 2019 年 12 月取得娱乐服务收入，需要申报缴纳文化事业建设费吗？

林老师解答

需要。

政策依据

财政部　国家税务总局
关于营业税改征增值税试点有关文化事业建设费政策
及征收管理问题的补充通知
2016 年 5 月 13 日　财税〔2016〕60 号

一、在中华人民共和国境内提供娱乐服务的单位和个人（以下称缴纳义务人），应按照本通知以及《财政部　国家税务总局关于营业税改征增值税试点有关文化事业建设费政策及征收管理问题的通知》（财税〔2016〕25 号）的规定缴纳文化事业建设费。

……

四、本通知所称娱乐服务，是指《财政部　国家税务总局关于全面推开营业税改征增值税试点的通知》（财税〔2016〕36 号）的《销售服务、无形资产、不动产注释》中"娱乐服务"范围内的服务。

五、本通知自 2016 年 5 月 1 日起执行。……

财政部　国家税务总局
关于全面推开营业税改征增值税试点的通知

2016 年 3 月 23 日　财税〔2016〕36 号

附件1《营业税改征增值税试点实施办法》

附：

销售服务、无形资产、不动产注释

一、销售服务

……

（七）生活服务。

……

3.旅游娱乐服务。

……

（2）娱乐服务，是指为娱乐活动同时提供场所和服务的业务。

具体包括：歌厅、舞厅、夜总会、酒吧、台球、高尔夫球、保龄球、游艺（包括射击、狩猎、跑马、游戏机、蹦极、卡丁车、热气球、动力伞、射箭、飞镖）。

第十六章 文化事业建设费

第 140 集
境外广告公司在境内提供广告服务，其文化事业建设费的扣缴义务人应如何确定？

扫码看视频

C 公司是一家境外广告公司，其在境内未设有经营机构。

C 公司于 2019 年 12 月在境内为 D 公司提供广告服务，当月从 D 公司取得广告服务收入 100 万元。

D 公司是一家境内食品生产企业。

提问：林老师，C 公司在境内提供广告服务，其文化事业建设费的扣缴义务人应如何确定？

林老师解答

C 公司应以广告服务接受方即 D 公司为文化事业建设费的扣缴义务人。

政策依据

财政部　国家税务总局
关于营业税改征增值税试点有关文化事业建设费政策及征收管理问题的通知
2016 年 3 月 28 日　财税〔2016〕25 号

二、中华人民共和国境外的广告媒介单位和户外广告经营单位在境内提供广告服务，在境内未设有经营机构的，以广告服务接受方为文化事业建设费的扣缴义务人。

第二节 文化事业建设费的征收标准和计费方法

第 141 集
广告公司取得广告服务收入，应如何计算缴纳文化事业建设费？

E 公司是一家户外广告经营单位，属于增值税一般纳税人，其于 2019 年 12 月在境内利用路牌、招贴、橱窗等各种形式为客户的经营服务项目进行宣传，当月取得广告服务收入 50 万元。

根据 E 公司所在地省级财政、党委宣传部门规定，E 公司应申报缴纳的文化事业建设费中归属地方收入的部分可按应缴费额的 50% 减征。

提问：林老师，E 公司 2019 年 12 月取得广告服务收入，应如何计算缴纳文化事业建设费？

林老师解答

E 公司文化事业建设费的应缴费额计算如下：

应缴费额 = 计费销售额 × 3% × 50%
　　　　 = 50 × 3% × 50%
　　　　 = 0.75（万元）

第十六章 文化事业建设费

> **政策依据**

财政部 国家税务总局关于营业税改征增值税试点有关文化事业建设费政策及征收管理问题的通知

2016年3月28日 财税〔2016〕25号

三、缴纳文化事业建设费的单位（以下简称缴纳义务人）应按照提供广告服务取得的计费销售额和3%的费率计算应缴费额，计算公式如下：

$$应缴费额 = 计费销售额 \times 3\%$$

计费销售额，为缴纳义务人提供广告服务取得的全部含税价款和价外费用，减除支付给其他广告公司或广告发布者的含税广告发布费后的余额。

财政部关于调整部分政府性基金有关政策的通知

2019年4月22日 财税〔2019〕46号

一、自2019年7月1日至2024年12月31日，对归属中央收入的文化事业建设费，按照缴纳义务人应缴费额的50%减征；对归属地方收入的文化事业建设费，各省（区、市）财政、党委宣传部门可以结合当地经济发展水平、宣传思想文化事业发展等因素，在应缴费额50%的幅度内减征。各省（区、市）财政、党委宣传部门应当将本地区制定的减征政策文件抄送财政部、中共中央宣传部。

> **划重点 消痛点**

根据财税〔2016〕25号文件第三条第二款、第三款的规定，文化事业建设费的缴纳义务人在计算确定广告服务计费销售额时减除价款的，应当取得增值税专用发票或国家税务总局规定的其他合法有效凭证，否则，不得减除。

第 142 集

歌厅取得娱乐服务收入，应如何计算缴纳文化事业建设费？

F 公司是一家歌厅，属于增值税一般纳税人，其于 2019 年 12 月在境内为顾客娱乐活动同时提供场所和服务，当月取得娱乐服务收入 200 万元。

根据 F 公司所在地省级财政、党委宣传部门规定，F 公司应申报缴纳的文化事业建设费中归属地方收入的部分可按应缴费额的 50% 减征。

提问： 林老师，F 公司 2019 年 12 月取得娱乐服务收入，应如何计算缴纳文化事业建设费？

林老师解答

F 公司文化事业建设费的应缴费额计算如下：

应缴费额 = 计费销售额 × 3% × 50%
= 200 × 3% × 50%
= 3（万元）

政策依据

财政部　国家税务总局
关于营业税改征增值税试点有关文化事业建设费政策
及征收管理问题的补充通知

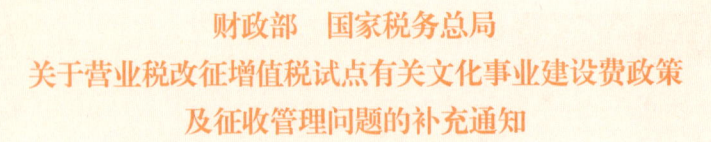

2016 年 5 月 30 日　财税〔2016〕60 号

二、缴纳义务人应按照提供娱乐服务取得的计费销售额和 3% 的费

第十六章 文化事业建设费

率计算娱乐服务应缴费额，计算公式如下：

娱乐服务应缴费额＝娱乐服务计费销售额 × 3%

娱乐服务计费销售额，为缴纳义务人提供娱乐服务取得的全部含税价款和价外费用。

第 143 集

扣缴义务人应扣缴的文化事业建设费应如何计算确定？

G 公司是一家境外广告公司，其在境内未设有经营机构。

G 公司于 2019 年 12 月在境内为境内企业 H 公司提供广告服务，当月从 H 公司取得广告服务收入 100 万元，相应的文化事业建设费由 H 公司扣缴。

根据 H 公司所在地省级财政、党委宣传部门规定，H 公司应扣缴 G 公司的文化事业建设费中归属地方收入的部分可按应缴费额的 50% 减征。

提问：林老师，H 公司应扣缴的文化事业建设费应如何计算确定？

林老师解答

H 公司应扣缴的文化事业建设费计算如下：

应扣缴费额 ＝ 支付的广告服务含税价款 × 费率 × 50%
　　　　　＝ 100 × 3% × 50%
　　　　　＝ 1.5（万元）

溪发说税之非税收入篇

> **TAX 政策依据**
>
> **财政部　国家税务总局**
> **关于营业税改征增值税试点有关文化事业建设费政策**
> **及征收管理问题的通知**
>
> 2016年3月28日　财税〔2016〕25号
>
> 四、按规定扣缴文化事业建设费的，扣缴义务人应按下列公式计算应扣缴费额：
>
> 应扣缴费额＝支付的广告服务含税价款 × 费率

划重点　消痛点

根据财税〔2016〕25号、《财政部　国家税务总局关于营业税改征增值税试点有关文化事业建设费政策及征收管理问题的补充通知》（财税〔2016〕60号）等相关文件的规定，第141集、142集案例及本集案例中，纳税人计算缴纳文化事业建设费的计费销售额均为含税价，不能扣除增值税销项税额。

第三节 文化事业建设费的征收管理

第 144 集

文化事业建设费的缴纳义务发生时间应如何确定?

I 公司是一家台球馆,属于增值税一般纳税人。

I 公司于 2019 年 12 月在境内为顾客娱乐活动同时提供场所和服务,当月取得娱乐服务收入。

提问: 林老师,I 公司 2019 年 12 月取得的娱乐服务收入,其增值税纳税义务发生时间为当月。I 公司该项收入对应的文化事业建设费的缴纳义务发生时间应如何确定?

林老师解答

I 公司文化事业建设费的缴纳义务发生时间与其增值税纳税义务发生时间相同,即为 2019 年 12 月。

政策依据

财政部 国家税务总局
关于营业税改征增值税试点有关文化事业建设费政策
及征收管理问题的通知

2016 年 3 月 28 日 财税〔2016〕25 号

五、文化事业建设费的缴纳义务发生时间……,与缴纳义务人的增值税纳税义务发生时间……相同。

第 145 集

文化事业建设费的缴纳地点应如何确定?

承第 144 集案例。

提问：林老师，I 公司 2019 年 12 月取得的娱乐服务收入，其增值税纳税地点为 I 公司机构所在地。I 公司该项收入对应的文化事业建设费的缴纳地点应如何确定？

林老师解答

I 公司文化事业建设费的缴纳地点与其增值税纳税地点相同，即为 I 公司机构所在地。

政策依据

财政部 国家税务总局
关于营业税改征增值税试点有关文化事业建设费政策
及征收管理问题的通知

2016 年 3 月 28 日 财税〔2016〕25 号

五、文化事业建设费的……缴纳地点，与缴纳义务人的增值税……纳税地点相同。

第十六章 文化事业建设费

第 146 集

文化事业建设费的扣缴义务发生时间应如何确定?

J 公司是一家境外广告公司,其在境内未设有经营机构。

J 公司于 2019 年 12 月在境内为境内企业 K 公司提供广告服务,当月从 K 公司取得广告服务收入 300 万元。

提问:林老师,J 公司取得的该项广告服务收入,其增值税纳税义务发生时间为 2019 年 12 月。K 公司作为 J 公司该项收入应缴纳的文化事业建设费的扣缴义务人,其扣缴义务发生时间应如何确定?

林老师解答

K 公司扣缴义务发生时间为 J 公司的增值税纳税义务发生时间即 2019 年 12 月。

政策依据

财政部 国家税务总局
关于营业税改征增值税试点有关文化事业建设费政策
及征收管理问题的通知

2016 年 3 月 28 日 财税〔2016〕25 号

五、……

文化事业建设费的扣缴义务发生时间,为缴纳义务人的增值税纳税义务发生时间。

第 147 集

文化事业建设费的扣缴地点应如何确定?

承第 146 集案例。

提问：林老师，K 公司的机构所在地为甲市。K 公司作为 J 公司应缴纳的文化事业建设费的扣缴义务人，其扣缴地点应如何确定？

林老师解答

K 公司应向其机构所在地即甲市主管税务机关申报缴纳其扣缴的文化事业建设费。

政策依据

财政部　国家税务总局
关于营业税改征增值税试点有关文化事业建设费政策
及征收管理问题的通知

2016 年 3 月 28 日　财税〔2016〕25 号

五、……

文化事业建设费的扣缴义务人应当向其机构所在地或者居住地主管税务机关申报缴纳其扣缴的文化事业建设费。

第十六章 文化事业建设费

第 148 集

文化事业建设费的缴纳期限应如何确定？

L 公司是一家舞厅，属于增值税一般纳税人，其于 2019 年 12 月在境内为顾客娱乐活动同时提供场所和服务，当月取得娱乐服务收入，并申报缴纳了增值税。

提问：林老师，L 公司 2019 年 12 月取得的娱乐服务收入，其文化事业建设费的缴纳期限如何确定？

林老师解答

L 公司文化事业建设费的缴纳期限与其增值税纳税期限相同。

政策依据

> 财政部　国家税务总局
> 关于营业税改征增值税试点有关文化事业建设费政策
> 及征收管理问题的通知
> 2016 年 3 月 28 日　财税〔2016〕25 号
>
> 六、文化事业建设费的缴纳期限与缴纳义务人的增值税纳税期限相同。

划重点　消痛点

根据财税〔2016〕25号文件第六条第二款的规定，文化事业建设费扣缴义务人解缴税款的期限也与缴纳义务人的增值税纳税期限相同。

第四节　文化事业建设费的优惠政策

第 149 集
未达到增值税起征点的缴纳义务人，可以免征文化事业建设费吗？

M 公司是一家保龄球馆，属于增值税小规模纳税人，其增值税按月申报。

M 公司于 2019 年 12 月在境内为顾客娱乐活动同时提供场所和服务，当月取得娱乐服务收入，该项收入未达到增值税起征点。

提问： 林老师，M 公司 2019 年 12 月取得的娱乐服务收入，可以免征文化事业建设费吗？

林老师解答

可以。

TAX 政策依据

财政部　国家税务总局
关于营业税改征增值税试点有关文化事业建设费政策
及征收管理问题的补充通知
2016 年 5 月 13 日　财税〔2016〕60 号

二、未达到增值税起征点的缴纳义务人，免征文化事业建设费。

第150集
广告公司2021年12月取得的广告收入，可以免征文化事业建设费吗？

N公司是一家以提供广告服务为主营业务的广告媒介单位，属于增值税一般纳税人，其于2021年12月在境内利用互联网形式为客户的商品进行宣传，当月取得广告服务收入。

提问：林老师，N公司2021年12月取得的广告服务收入，可以免征文化事业建设费吗？

林老师解答

可以。

政策依据

财政部 税务总局关于电影等行业税费支持政策的公告

2020年5月13日 财政部 税务总局公告2020年第25号

三、自2020年1月1日至2020年12月31日，免征文化事业建设费。

财政部 税务总局
关于延续实施应对疫情部分税费优惠政策的公告

2021年3月17日 财政部 税务总局公告2021年第7号

二、……《财政部 税务总局关于电影等行业税费支持政策的公告》（财政部 税务总局公告2020年第25号）规定的税费优惠政策凡已经到期的，执行期限延长至2021年12月31日。

第十七章 油价调控风险准备金

第一节 油价调控风险准备金的征收范围和计费方法

第 151 集 成品油生产企业销售汽油标准品，需要缴纳油价调控风险准备金吗？

A公司是一家成品油生产企业，其于2020年11月窗口期（11月6—19日）销售汽油标准品（标号89#）100吨。

A公司所在的地区系油价调控风险准备金征收地区。[①]

提问：林老师，A公司销售汽油标准品，需要缴纳油价调控风险准备金吗？

林老师解答

需要。

[①] 除另有说明，本章各集案例所列举单位（个人）所在的地区均系油价调控风险准备金征收地区。

> **TAX 政策依据**
>
> **财政部　国家发展改革委**
> **关于印发《油价调控风险准备金征收管理办法》的通知**
>
> 2016 年 12 月 15 日　财税〔2016〕137 号
>
> 附件：
>
> 油价调控风险准备金征收管理办法
>
> 第四条　风险准备金的缴纳义务人为中华人民共和国境内生产、委托加工和进口汽、柴油的成品油生产经营企业。
>
> ……
>
> 第十一条　风险准备金由缴纳义务人申报缴纳。……
>
> ……
>
> 第二十五条　本办法自 2016 年 1 月 13 日起施行。

第 152 集

成品油生产企业销售汽油标准品，应如何计算缴纳油价调控风险准备金？

承第 151 集案例。

提问：林老师，A 公司销售汽油标准品，应如何计算缴纳油价调控风险准备金？

林老师解答

A 公司应缴纳的油价调控风险准备金计算如下：

应缴纳的油价调控风险准备金

= 销售数量 × 征收标准
= 100 × 15
= 1500（元）

政策依据

财政部　国家发展改革委
关于印发《油价调控风险准备金征收管理办法》的通知

2016年12月15日　财税〔2016〕137号

附件：

油价调控风险准备金征收管理办法

第五条　当国际市场原油价格低于国家规定的成品油价格调控下限时，缴纳义务人应按照汽油、柴油的销售数量和规定的征收标准缴纳风险准备金。

第六条　汽油、柴油销售数量是指缴纳义务人于相邻两个调价窗口期之间实际销售数量。

国家税务总局关于2020年第四季度
油价调控风险准备金征收标准有关事项的公告

2021年1月25日　国家税务总局公告2021年第1号

一、2020年第四季度油价调控风险准备金征收标准按照国家发展改革委核定的成品油价格未调金额（见附件）确定。……

……

本公告自2021年1月7日起施行。

附件：

2020 年第四季度油价调控风险准备金征收标准

调价窗口期	调价周期天数	汽油 89#	……
	天	元／吨	……
2020 年 11 月 6 日—11 月 19 日	14	15	……

备注：上述金额为低于调控下限国内成品油价格应调未调金额，含 13% 增值税。

划重点 消痛点

根据《油价调控风险准备金征收管理办法》第七条的规定，油价调控风险准备金征收标准按照成品油价格未调金额确定。

第 153 集

成品油生产企业销售柴油非标准品，应如何计算缴纳油价调控风险准备金？

B 公司是一家成品油生产企业，其于 2020 年 11 月窗口期（11 月 6—19 日）销售柴油非标准品（标号 +10#）300 吨。根据国家发展改革委的规定，该标号柴油的品质比率为 96%。

提问：林老师，B 公司销售柴油非标准品，应如何计算缴纳油价调控风险准备金？

第十七章 油价调控风险准备金

林老师解答

B公司应缴纳的油价调控风险准备金计算如下：

应缴纳的油价调控风险准备金

= 销售数量 × 征收标准 × 国家发展改革委规定的品质比率

= 300 × 15 × 96%

= 4320（元）

TAX 政策依据

国家税务总局关于2020年第四季度
油价调控风险准备金征收标准有关事项的公告

2021年1月25日　国家税务总局公告2021年第1号

一、……非标准品的征收标准按照标准品征收标准和国家发展改革委规定的品质比率确定。

附件：

2020年第四季度油价调控风险准备金征收标准

调价窗口期	调价周期天数	……	柴油 0#
	天	……	元/吨
2020年11月6日—11月19日	14	……	15

备注：上述金额为低于调控下限国内成品油价格应调未调金额，含13%增值税。

划重点　消痛点

根据国家税务总局公告2021年第1号第二条的规定，缴费人应根据国家发展改革委核定的征收标准，向税务机关申报汽油、柴油销售数量和应缴纳的油价调控风险准备金。

第 154 集

成品油生产企业直接生产销售柴油，在计算缴纳油价调控风险准备金时，其销售数量应如何计算确定？

C公司是一家成品油生产企业，其于2020年11月窗口期（11月6—19日）直接生产销售一批柴油标准品（标号0#），当月开具发票，发票记载销售数量为500吨（不包括销售未经生产加工的外购柴油）。

提问： 林老师，C公司直接生产销售该批柴油标准品，在计算缴纳油价调控风险准备金时，其销售数量应如何计算确定？

林老师解答

C公司直接生产销售该批柴油标准品，其计算缴纳油价调控风险准备金的销售数量为发票开具数量500吨。

TAX 政策依据

财政部关于做好2016年油价调控风险准备金收缴工作的通知

2016年12月22日　财税〔2016〕142号

三、汽、柴油实际销售数量按照以下规定确定：

（一）直接生产销售汽、柴油的（不包括销售未经生产加工的外购汽、柴油），其销售数量以发票开具日期及数量为准。……

第十七章　油价调控风险准备金

划重点　消痛点

本案例中，假定 C 公司直接生产销售该批柴油标准品却无法提供发票，则根据财税〔2016〕142 号文件第三条第（一）项的规定，其计算缴纳油价调控风险准备金的销售数量以无法确定销售日期的全月销售量和窗口期占全月时间比合理确定。

第 155 集

成品油生产企业进口柴油，在计算缴纳油价调控风险准备金时，其销售数量应如何计算确定？

扫码看视频

D 公司是一家成品油生产企业，其于 2020 年 11 月窗口期（11 月 6—19 日）进口一批柴油标准品（标号 0#），当月报关进口，报关数量为 100 吨。

提问： 林老师，D 公司进口该批柴油标准品，在计算缴纳油价调控风险准备金时，其销售数量应如何计算确定？

林老师解答

D 公司进口该批柴油标准品，其计算缴纳油价调控风险准备金的销售数量为报关数量 100 吨。

政策依据

**财政部关于做好 2016 年
油价调控风险准备金收缴工作的通知**

2016 年 12 月 22 日　财税〔2016〕142 号

三、汽、柴油实际销售数量按照以下规定确定：

……

（二）进口汽、柴油的，其销售数量以报关日期及报关数量为准。

第 156 集

成品油生产企业委托加工汽油，在计算缴纳油价调控风险准备金时，其销售数量应如何计算确定？

E 公司是一家成品油生产企业，其于 2020 年 11 月窗口期（11 月 6—19 日）委托甲公司加工一批汽油标准品（标号 89#），当月签署委托加工合同，当月收回委托加工的汽油标准品，其交货凭证记载的数量为 50 吨。

提问：林老师，E 公司委托加工该批汽油标准品，在计算缴纳油价调控风险准备金时，其销售数量应如何计算确定？

林老师解答

E 公司委托加工该批汽油标准品，其计算缴纳油价调控风险准备金的销售数量为交货凭证记载的数量 50 吨。

第十七章 油价调控风险准备金

> **政策依据**
>
> **财政部关于做好 2016 年
> 油价调控风险准备金收缴工作的通知**
>
> 2016 年 12 月 22 日　财税〔2016〕142 号
>
> 三、汽、柴油实际销售数量按照以下规定确定：
>
> ……
>
> （三）委托加工汽、柴油的，其销售数量按已委托加工合同签署日期及交货凭证确认。……

划重点　消痛点

本案例中，假定 E 公司委托加工该批汽油标准品未取得交货凭证，则根据财税〔2016〕142 号文件第三条第（三）项的规定，其计算缴纳油价调控风险准备金的销售数量以月度总交货量和窗口期占全月时间比合理确定。

第 157 集

成品油生产企业直接用于一般贸易出口的汽油，需要缴纳油价调控风险准备金吗？

扫码看视频

F 公司是一家成品油生产企业，其于 2020 年 11 月窗口期（11 月 6—19 日）采用一般贸易方式出口一批汽油标准品（标号 89#）。

提问： 林老师，F 公司直接用于一般贸易出口的该批汽油标准品，需要缴纳油价调控风险准备金吗？

林老师解答

不需要。

📋 政策依据

**财政部关于做好2016年
油价调控风险准备金收缴工作的通知**

2016年12月22日　财税〔2016〕142号

三、汽、柴油实际销售数量按照以下规定确定：

……

（四）……直接用于一般贸易出口的汽、柴油，不纳入风险准备金征收范围。

划重点　消痛点

根据财税〔2016〕142号文件第三条第（四）项的规定，来料加工贸易的汽、柴油，也不纳入风险准备金征收范围。

第二节　油价调控风险准备金的征收管理

第 158 集

油价调控风险准备金应向哪个部门申报缴纳？

扫码看视频

G 公司是一家成品油生产企业，其于 2020 年 11 月窗口期（11 月 6—19 日）销售一批柴油非标准品（标号 +10#），需要缴纳油价调控风险准备金。

G 公司注册登记地在甲市。

提问：林老师，G 公司应向哪个部门申报缴纳油价调控风险准备金？

林老师解答

G 公司应向税务部门申报缴纳油价调控风险准备金。

政策依据

财政部关于将国家重大水利工程建设基金等政府非税收入项目划转税务部门征收的通知

2018 年 12 月 7 日　财税〔2018〕147 号

一、自 2019 年 1 月 1 日起，将专员办负责征收的……油价调控风险准备金……划转税务部门负责征收。……

国家税务总局关于国家重大水利工程建设基金等政府非税收入项目征管职责划转有关事项的公告

2018 年 12 月 25 日　国家税务总局公告 2018 年第 63 号

一、自 2019 年 1 月 1 日起,原由财政部驻地方财政监察专员办事处(以下简称"专员办")负责征收的……油价调控风险准备金……,划转至税务部门征收。征收范围、对象、标准及收入分成等仍按现行规定执行。

……

四、缴费人采用自行申报方式办理非税收入申报缴纳等有关事项。……

国家税务总局关于 2020 年第四季度油价调控风险准备金征收标准有关事项的公告

2021 年 1 月 25 日　国家税务总局公告 2021 年第 1 号

二、缴费人应根据国家发展改革委核定的征收标准,向税务机关申报汽油、柴油销售数量和应缴纳的油价调控风险准备金。

第十七章　油价调控风险准备金

第 159 集

油价调控风险准备金的缴纳地点应如何确定？

承第 158 集案例。

提问：林老师，G 公司应在何地申报缴纳油价调控风险准备金？

林老师解答

G 公司应在其注册登记地甲市申报缴纳油价调控风险准备金。

TAX 政策依据

财政部　国家发展改革委
关于印发《油价调控风险准备金征收管理办法》的通知
2016 年 12 月 15 日　财税〔2016〕137 号

附件：

油价调控风险准备金征收管理办法

第十条　风险准备金的缴纳地点为缴纳义务人注册登记地。

第十八章 免税商品特许经营费

第一节 免税商品特许经营费的缴费主体和计费方法

第 160 集

经营免税商品的企业取得免税商品销售收入,需要缴纳免税商品特许经营费吗?

A 公司是一家经营免税商品的企业,属于《财政部关于印发〈免税商品特许经营费缴纳办法〉的通知》(财企〔2004〕241号)附件《免税商品特许经营费缴纳办法》第五条列明的企业。2021 年,A 公司取得免税商品销售收入 10 亿元。A 公司将免税商品销售额单独核算。

提问:林老师,A 公司经营免税商品业务取得销售收入,需要缴纳免税商品特许经营费吗?

林老师解答

需要。

第十八章 免税商品特许经营费

> **政策依据**
>
> **财政部关于印发《免税商品特许经营费缴纳办法》的通知**
>
> 2004年11月25日　财企〔2004〕241号
>
> 附件：
>
> **免税商品特许经营费缴纳办法**
>
> 第四条　凡经营免税商品的企业，均按经营免税商品业务年销售收入（额）的1%，向国家上缴特许经营费。
>
> 第五条　征收免税商品特许经营费的企业包括：中国免税品（集团）总公司、深圳市国有免税商品（集团）有限公司、珠海免税企业（集团）有限公司、中国中旅（集团）公司、中国出国人员服务总公司、上海浦东国际机场免税店以及其他经营免税商品或代理销售免税商品的企业。
>
> ……
>
> 第十四条　本通知自2005年1月1日起施行……

知识链接

1. 什么是免税商品？

根据《免税商品特许经营费缴纳办法》第二条的规定，免税商品是指免征关税、进口环节税的进口商品和实行退（免）税（增值税、消费税）进入免税店销售的国产商品。

2. 什么是免税商品经营业务？

根据《免税商品特许经营费缴纳办法》第三条的规定，免税商品经营业务包括：中国免税品（集团）总公司的免税商品经营业务，以及设立在机场、港口、车站、陆路边境口岸和海关监管特定区域的免税商店以及在出境飞机、火车、轮船上向出境的国际旅客、驻华外交官和国际海员等提供免税商品购物服务的特种销售业务。

第 161 集

经营免税商品的企业取得免税商品销售收入，应如何计算缴纳免税商品特许经营费？

承第 160 集案例。

提问：林老师，A 公司 2021 年经营免税商品业务取得销售收入，应如何计算缴纳免税商品特许经营费？

林老师解答

A 公司 2021 年度应缴纳的免税商品特许经营费计算如下：

应缴纳的免税商品特许经营费
= 经营免税商品业务年销售收入 × 1%
= 10 × 1%
= 0.1（亿元）

TAX 政策依据

财政部关于印发《免税商品特许经营费缴纳办法》的补充通知

2006 年 3 月 20 日　财企〔2006〕70 号

一、原办法规定，凡经营免税商品的企业，"均按经营免税商品业务年销售收入（额）的 1%，向国家上缴特许经营费"，改为"按经营免税商品业务年销售收入的 1%，向国家上缴特许经营费"。

第十八章　免税商品特许经营费

第 162 集

免税企业经营国产品享受出口退税政策，需要缴纳免税商品特许经营费吗？

B公司是一家经营免税商品的企业，属于《免税商品特许经营费缴纳办法》第五条列明的企业。2021年B公司取得销售收入4.5亿元，其中，免税商品销售收入4亿元、享受出口退税政策的国产品销售收入0.3亿元、完税国产品销售收入0.2亿元。

B公司将免税商品销售额、享受出口退税政策的国产品销售额、完税国产品销售额分开核算。

提问：林老师，B公司取得享受出口退税政策的国产品销售收入，需要缴纳免税商品特许经营费吗？

林老师解答

需要。

政策依据

财政部关于印发《免税商品特许经营费缴纳办法》的通知

2004年11月25日　财企〔2004〕241号

附件：

免税商品特许经营费缴纳办法

第八条　经营国产品的免税企业，应将享受出口退税政策的国产品……视同免税商品，按规定缴纳特许经营费。……

> **划重点 消痛点**

根据《免税商品特许经营费缴纳办法》第八条的规定，经营国产品的免税企业从境外以免税方式进口经营的国产品，也应视同免税商品，按规定缴纳免税商品特许经营费。

第 163 集

经营免税商品的企业取得完税国产品销售收入，需要缴纳免税商品特许经营费吗？

承第 162 集案例。

提问：林老师，B 公司取得完税国产品销售收入，需要缴纳免税商品特许经营费吗？

> **林老师解答**

不需要。

TAX 政策依据

财政部关于印发《免税商品特许经营费缴纳办法》的通知

2004 年 11 月 25 日 财企〔2004〕241 号

附件：

免税商品特许经营费缴纳办法

第八条 ……企业经营完税国产品，不缴纳特许经营费。

第十八章　免税商品特许经营费

第 164 集
海南离岛旅客免税购物商店取得免税商品销售收入，需要缴纳免税商品特许经营费吗？

C 公司是一家海南离岛旅客免税购物商店，属于《财政部　商务部　海关总署　税务总局关于印发〈海南离岛旅客免税购物商店管理暂行办法〉的通知》（财企〔2011〕429 号）第二条规定的离岛免税店。2021 年 C 公司销售免税商品取得收入 200 亿元。

C 公司将免税商品销售额单独核算。

提问：林老师，C 公司取得免税商品销售收入，需要缴纳免税商品特许经营费吗？

林老师解答

需要。

政策依据

财政部　商务部　海关总署　税务总局
关于印发《海南离岛旅客免税购物商店管理暂行办法》的通知

2011 年 12 月 5 日　财企〔2011〕429 号

海南离岛旅客免税购物商店管理暂行办法

第三条　国家对离岛免税店实行特许经营政策。离岛免税店按经营免税商品业务年销售收入的 4%，向国家上缴免税商品特许经营费。

……

第十五条　本暂行办法自公布之日起施行。

知识链接

什么是海南离岛旅客免税购物商店？

根据《海南离岛旅客免税购物商店管理暂行办法》第二条的规定，海南离岛旅客免税购物商店（以下简称离岛免税店），是指对乘飞机离岛（不包括离境）旅客实行限次、限值、限量和限品种免进口税购物的经营场所。离岛免税店具体经营适用对象、商品品种、免税税种、离岛次数、金额数量、实施流程等应严格按照离岛免税政策的有关规定执行。

第 165 集

海南离岛旅客免税购物商店取得免税商品销售收入，应如何计算缴纳免税商品特许经营费？

承第 164 集案例。

提问：林老师，C 公司 2021 年取得免税商品销售收入，应如何计算缴纳免税商品特许经营费？

林老师解答

C 公司 2021 年度应缴纳的免税商品特许经营费计算如下：

应缴纳的免税商品特许经营费
= 经营免税商品业务年销售收入 × 4%

= 200 × 4%
= 8（亿元）

政策依据

财政部　商务部　海关总署　税务总局
关于印发《海南离岛旅客免税购物商店管理暂行办法》的通知

2011 年 12 月 5 日　财企〔2011〕429 号

海南离岛旅客免税购物商店管理暂行办法

第三条　……离岛免税店按经营免税商品业务年销售收入的 4%，向国家上缴免税商品特许经营费。

第二节 免税商品特许经营费的征收管理

第 166 集

海南离岛旅客免税购物商店销售免税商品取得收入,应于何时申报缴纳免税商品特许经营费?

承第 164 集案例。

提问: 林老师,C 公司应于何时申报缴纳 2021 年度的免税商品特许经营费?

林老师解答

C 公司应于 2022 年 5 月 31 日前申报缴纳 2021 年度的免税商品特许经营费。

政策依据

财政部 商务部 海关总署 税务总局
关于印发《海南离岛旅客免税购物商店管理暂行办法》的通知

2011 年 12 月 5 日 财企〔2011〕429 号

第四条 ……离岛免税店应在年度终了后 5 个月内,依据注册会计师出具的审计报告,统一清算当年应交免税商品特许经营费并上缴中央金库。

第十八章 免税商品特许经营费

第 167 集

免税商品特许经营费应向哪个部门申报缴纳？

承第 164 集案例。

提问：林老师，C 公司应向哪个部门申报缴纳免税商品特许经营费？

林老师解答

C 公司应向税务部门申报缴纳免税商品特许经营费。

TAX 政策依据

**财政部关于将国家重大水利工程建设基金等
政府非税收入项目划转税务部门征收的通知**

2018 年 12 月 7 日　财税〔2018〕147 号

一、自 2019 年 1 月 1 日起，将专员办负责征收的……免税商品特许经营费……划转税务部门负责征收。……

**国家税务总局关于国家重大水利工程建设基金等
政府非税收入项目征管职责划转有关事项的公告**

2018 年 12 月 25 日　国家税务总局公告 2018 年第 63 号

一、自 2019 年 1 月 1 日起，原由财政部驻地方财政监察专员办事处（以下简称"专员办"）负责征收的……免税商品特许经营费……，划转至税务部门征收。征收范围、对象、标准及收入分成等仍按现行规

定执行。
......
四、缴费人采用自行申报方式办理非税收入申报缴纳等有关事项。......

第 168 集

经营免税商品的企业取得免税商品销售收入，其免税商品特许经营费的缴纳地点应如何确定？

扫码看视频

D公司是一家民航企业，其于2021年在国际航班飞机上销售免税商品，需要缴纳免税商品特许经营费。

D公司单独核算免税商品销售额。

提问：林老师，D公司应如何确定免税商品特许经营费的缴纳地点？

林老师解答

D公司应在其纳税所在地缴纳免税商品特许经营费。

TAX 政策依据

财政部关于印发《免税商品特许经营费缴纳办法》的通知

2004 年 11 月 25 日　财企〔2004〕241 号

附件：

免税商品特许经营费缴纳办法

第七条　在国际交通工具上销售……免税商品的民航……等行业的

第十八章 免税商品特许经营费

> 企业，……应将免税商品销售额单独核算，并在企业纳税所在地缴纳特许经营费。

划重点 消痛点

根据《免税商品特许经营费缴纳办法》第七条的规定，除本案例中例举的在国际交通工具上销售免税商品的民航、交通、铁道等行业的企业外，以下企业也应在企业纳税所在地缴纳免税商品特许经营费：

1. 在国际交通工具上代理销售免税商品的民航、交通、铁道等行业的企业；
2. 非全部经营免税商品的企业。

第十九章 工会经费

第一节 工会经费的征收范围和计费方法

第 169 集

已建立工会组织的企业需要缴纳工会经费吗？

扫码看视频

甲公司属于已建立工会组织的集体所有制企业，2022 年 7 月其工会组织的会员人数为 80 人。

提问：林老师，甲公司需要缴纳工会经费吗？

林老师解答

需要。

政策依据

中华全国总工会　财政部
关于新《工会法》中有关工会经费问题的具体规定

1992 年 8 月 29 日　工总财字〔1992〕19 号

一、拨交工会经费问题

1. 凡建立工会组织的全民所有制和集体所有制企业、事业单位和机关，应于每月 15 日以前按照上月份全部职工工资总额的 2%，向工会拨交当月份的工会经费。……

第十九章 工会经费

第 170 集

企业获得上级工会的批准筹建工会，需要向上级工会拨缴建会筹备金吗？

乙公司于 2022 年 5 月获得上级工会的批准筹建工会，其工会组织的会员人数为 60 人。

提问：林老师，自上级工会批准筹建工会的次月即 2022 年 6 月起，乙公司需要向上级工会拨缴建会筹备金吗？

林老师解答

需要。

政策依据

中华全国总工会办公厅关于规范建会筹备金收缴管理的通知

2021 年 7 月 20 日　厅字〔2021〕20 号

一、根据《中华人民共和国工会法》和《中国工会章程》的有关规定，上级工会应加大工作力度，帮助和指导尚未组建工会的企业、事业单位、机关和其他社会组织（以下统称筹建单位）的职工筹建工会组织。

自上级工会批准筹建工会的次月起，筹建单位每月按全部职工工资总额的 2% 向上级工会拨缴建会筹备金。……

划重点　消痛点

根据厅字〔2021〕20号文件第一条第二款的规定，实行委托代收建会筹备金的，上级工会应向代收部门提供筹建单位的名称、职工人数、工资总额、建会筹备金等信息。

第171集

企业获得上级工会的批准成立工会，需要向上级工会拨缴建会筹备金吗？

丙公司于2022年7月获得上级工会的批准成立工会，其工会组织的会员人数为80人。

提问： 林老师，2022年7月上级工会批准丙公司成立工会组织，自成立工会组织的次月即2022年8月起，丙公司还需要向上级工会拨缴建会筹备金吗？

林老师解答

不需要。

TAX 政策依据

中华全国总工会办公厅关于规范建会筹备金收缴管理的通知

2021年7月20日　厅字〔2021〕20号

二、自上级工会批准筹建单位成立工会组织的次月起，单位不再向上级工会上缴建会筹备金……

第十九章 工会经费

划重点 消痛点

根据厅字〔2021〕20号文件第二条的规定,本案例中,丙公司自成立工会组织的次月即2022年8月起,改为按单位所在地方总工会经费收缴办法规定的方式、比例上缴工会经费。

第172集 拨交工会经费的"全部职工工资总额",包含各种津贴、补贴和奖金吗?

丁公司属于已建立工会组织的企业,2022年7月其工会组织的会员人数为90人。

提问:林老师,丁公司申报缴纳工会经费的"全部职工工资总额",包含工资总额组成范围内的各种津贴、补贴和奖金吗?

林老师解答

包含。

政策依据

中华全国总工会 财政部
关于新《工会法》中有关工会经费问题的具体规定
1992年8月29日 工总财字〔1992〕19号
一、拨交工会经费问题
……

2.拨交工会经费的"全部职工工资总额",按照国家统计局1990年1号令公布的《关于工资总额组成的规定》计算。工资总额组成范围内的各种津贴、补贴和奖金,均应计算在内。

第二节　工会经费的税前扣除

第 173 集
《工会经费收入专用收据》可以作为企业所得税税前扣除凭证吗?

扫码看视频

戊公司于 2021 年按其所在地方总工会经费收缴办法规定的方式、比例上缴工会经费，取得工会组织开具的《工会经费收入专用收据》。

2021 年戊公司拨缴的职工工会经费未超过工资薪金总额的 2%。

提问： 林老师，戊公司在申报缴纳 2021 年度企业所得税时，其拨缴的职工工会经费，可以凭《工会经费收入专用收据》在 2021 年度企业所得税税前扣除吗？

林老师解答

可以。

TAX 政策依据

国家税务总局关于工会经费企业所得税税前扣除凭据问题的公告

2010 年 11 月 9 日　国家税务总局公告 2010 年第 24 号

一、自 2010 年 7 月 1 日起，企业拨缴的职工工会经费，不超过工

溪发说税之非税收入篇

资薪金总额 2% 的部分，凭工会组织开具的《工会经费收入专用收据》在企业所得税税前扣除。

第 174 集
工会经费代收凭据可以作为企业所得税税前扣除凭证吗？

己公司于 2021 年按规定向主管税务机关申报缴纳职工工会经费，取得合法、有效的工会经费代收凭据。

2021 年己公司申报缴纳的职工工会经费未超过工资薪金总额 2%。

提问： 林老师，己公司在申报缴纳 2021 年度企业所得税时，其拨缴的职工工会经费，可以凭工会经费代收凭据在 2021 年度企业所得税税前扣除吗？

林老师解答

可以。

TAX 政策依据

国家税务总局关于税务机关代收工会经费企业所得税税前扣除凭据问题的公告

2011 年 5 月 11 日　国家税务总局公告 2011 年第 30 号

自 2010 年 1 月 1 日起，在委托税务机关代收工会经费的地区，企业拨缴的工会经费，也可凭合法、有效的工会经费代收凭据依法在税前扣除。